ちくま文庫

高峰秀子 暮しの流儀 完全版

高峰秀子　松山善三　斎藤明美

筑摩書房

高峰秀子　暮しの流儀　完全版　目次

高峰秀子　暮しの流儀　完全版

キッチンでコーヒーを入れる高峰秀子さん。カウンターには余計なものはひとつとして置かない。毎夜、翌朝のモーニングカップを二つ用意して休むのが長年の習慣だった。

どんな名作のスクリーン上よりも、家の中で生きることを選んだひと。信条は、清潔整頓。身の丈に合った生活。台所仕事に精を出し、おいしいごはんをつくること。〝にんげん高峰秀子〟のその潔い暮し方、静かな日々の営みに、本当の幸せ、人間の喜びがある。

この生き生きと輝く素顔！　お茶目な笑顔！　高峰さんの一日は、愛する夫・松山善三氏と食いしん坊の養女・明美とともに明け暮れた。松山家の〝心臓部〟は、高峰さんの手料理を囲むダイニングテーブル。

亡き母・高峰秀子に捧げる　序文にかえて

文・斎藤明美

確か、亡くなる一年ほど前だったと思う。高峰が気に入って使っていたエッグ・タイマー［191頁］が古くなり液晶部分がダメになったと言うので、私は新しいものを二つ取り寄せて高峰に渡した。

さっそく一つを使い始めた。だが、もう一つが箱に入ったまま、いつまでも台所のカウンターの隅に置かれている。片づけ魔の高峰らしくない。

「これ、どうしたの？」

私が聞くと、

「あんたが新潮社で写真集を作るって言ってたから、これは撮影用にと思って」

ふいに胸を衝かれた思いがした。一度聞いたことは必ず覚えている人だった。そして黙ってそのために準備しておいてくれる人だった。

本書は、それを三人の共著にすることをはじめ、高峰がその内容まで了解してくれていた、事実上、最後の書籍である。

言うなれば、生きた高峰の息吹がかろうじて届いた、最後の一冊である。

「本にするなら、物が足りないでしょ」

エッグ・タイマーの他にも、針箱や器など、様々な愛用品を、高峰は用意しておいてくれた。だからそれ以外は撮影しなかった。

高峰がいなくても、いや、いないから、高峰が許可した物しか本には載せないと決めていた。

松山家の暮しは、イコール高峰秀子の暮しだ。松山の領分は、自身も認める、書斎だけ。そこだけは高峰の治外法権だった。日々の食事に使う器も箸もフォークもナイフも、ナプキンも、鍋もフライパンも、室内の調度品も、置物も、何もかも……、なぜそれがそこにあるのか、なぜそれでなければならなかったのか。高峰にしか、わからない。全て、高峰が選んだ。高峰が愛した物だ。

だが、高峰は、もういない。

高峰がいない今、どうやって〝高峰秀子の暮しの流儀〟を本にすればいいのか――。

「かあちゃんは趣味がいいね」

以前、ずっと当たり前のように思っていたことが思わず口をついた時、高峰はこんなふうに応えた。

「いいかどうかはわからないけど、趣味は、あるね」

趣味がいい悪い以前に、趣味があるか、ないか。人がどう思っているかは別として、高峰自身は間違っても「私は趣味がいい」などと思う人間ではなかった。ただ、好むか好まないか、その線引きを明確に持っている人だった。私は好き嫌いは必要以上に激しいが、それが果たして〝趣味〟と言えるかどうか、という程度の人間である。その上、日常生

穏やかに微笑む高峰秀子さん。
過酷な半生を送ってきた末に、
ようやく静かな幸せを得た人の笑顔である。

活が疎かだ。しかし、それならなぜ、私は高峰秀子の暮しを素敵だと思うのか、趣味がいいと感じるのか。

私には、高峰が愛した器や壺や調度品にあれこれ解説をつけるだけの知識も眼力もない。だがその代わり、私には、高峰の〝生き方〟を理解している自負だけは、ある。そして思い当った。私が高峰の暮しのセンスに惹かれたのは、高峰の生き方が、暮し方と寸分の違いもなかったからだ。

高級車を乗り回しながら、歩けば道に唾を吐く男。何様のようにブランドで身を固めた女性が、台所の流

ハワイにて。昼食のあと、
レストラン前のベンチに腰掛ける高峰さんと斎藤さん。
信頼と愛情でつながれた二人。
撮影は松山善三氏。

しはドロドロ、部屋はゴミ溜め。生き方が水なら、暮し方は器だ。どれほど高価な器でも、中に入っている水が腐っていたら、ゴミだ。高峰は、ブレない人だった。価値観、考え方、感じ方、生き方。何一つ揺らぐことがなかった。人前に出ること、人に見られることが好きでなかった。だが五歳の時からそうせざるを得ない境遇に置かれ続けた。

「今が一番幸せ」

この言葉を私は何度、高峰から聞いたことか。

つまり「今」以前は幸せでなかった、あるいは少なくとも今よりは幸せではなかったのだ。高峰が言う「今」とは、とうに女優業をやめ、家を小さく建て替え、家財を処分し、人間関係を断ち……。始末できるものはできるだけ始末して、捨てられるものは極力捨て、断ち切ることができるものは全て断ち切り、まるで死出の旅路に向かって嬉々として準備をしているような姿だった。

私が高峰に出逢ったのは、そんな時である。まもなく七十の声を聞く頃。

それは、彼女が終生大切にした生きる上での信条〝潔さ〟を、まさに暮しの中に実現しようとしていた時期でもある。何も要らない、欲しい物は何一つない。

ただ自由だけ、何ものにも縛られることのない時間を、私ひとりの私として、愛する夫と共に生きたい。それが高峰の願いだと、出逢ってから二十余年、私は毎日感じてきた。

「私があんたに優しくできたのは、私がとうちゃんと幸せな生活を送れるようになってたからだよ。自分が幸せじゃなかった時は、「世の中の人間なんかみんな不幸になればいい」、そう思ってた」

実母に死なれ絶望していた私を救ってくれた時のことを、後年、高峰はこんな風に言ったことがある。聞いて、私は、恐ろしいほど正直な気持ちだと、それほど過酷な半生をこの人は送ってきたのだと、戦慄さえした。

「人はよく私に「仕事もやめて悠悠自適で、いい旦那様がいて、羨ましい」って言うけど、そういう時、私は言うの、「五十年かかりましたよ」って」

その言葉の重さに、私は応える言葉がなかった。松山と心を合わせて小さくした家で、身の周りに気に入った物だけを置いて、夫の食事を作ることと大好きな読書にいそしむ毎日を、恐らく高峰は、かみしめるようにして生きていたと思う。

高峰の座右の書、『徒然草』の一節、

〈賤しげなる物、居たるあたりに調度の多き。硯に筆の多き。持仏堂に仏の多き。前栽に石・草木の多き。家の内に子孫の多き。人にあひて詞の多き……〉

生き方と暮し方が股裂きにされるような長い長い歳月を経て、ようやく七十の坂を越えた時、高峰はこの書のめざす理想を、自分の暮しの中に実現したのである。欲望の少ない人だった。ただ毎日を無事に、つつましく生きること。それがどれほど幸せなことか、身をもって、私に教えてくれた人である。その人の日々の暮し方が生き方そのものなのだと、高峰が言っているように思えてならない。

本書に載せた高峰と松山の愛用品の一部を、もし美しいと感じる読者がいたら、それは、品物が美しいのではない。それを選んだ、愛しんだ二人の心根が美しいのだ。

潔く生きようとすれば、おのずから暮し方も簡素、清潔になる。

朝起きて夜寝るまでの一日をどう過ごすか。何をして、何を語り、何を、どんな風に食べ、何を着るか……それがその人の生き方の一部であり、全てなのだ。それは、何を大事として生きているか、そこに因る。

捨てて始末して、処分して、断《た》って、限りなく無に近づくこと。

本当は無一物になりたかった。

それが高峰の究極の願いではなかったかと、死なれた今、ようやく私はわかったような気がする。

自分の心の内を、じっと見つめ直した時、人はそこに何を見るか。

そこに見たもの、それこそが、その人自身の生きる流儀、即ち、暮しの流儀なのだろうと、私は思う。

高峰秀子の流儀は、生き方も暮し方も、あっぱれなほど、見事だった。

私に言えるのは、それだけである。

衣

飾らない

好んだ色は黒やグレー。キンキラキンは大嫌い。装いもアクセサリーも持ち物も、シンプルなデザインのものを愛した。おしゃれのコツは、飾り過ぎないこと。なにげなくあること。そしてなにより、まず、〈衣服という皮をはいだ中身の整理整頓をすること〉（「整理整頓芸のうち衣」）。自分に厳しく、潔く生きた高峰さんは、素のままでも美しい。そして飾らないことで、さらに美しさが際立っていた。

友人の米国人がPX（進駐軍専用の店）で購入してくれたミシンをかける。針仕事の得意な高峰さんは、年をとってからも、老眼鏡をかけずに針に糸を通せた。

引き算の美

文・斎藤明美

高峰の普段着はガウンだった。

もっとも、本人が「ガウン」と呼んでいただけで、たぶん厳密な言い方をすれば「部屋着」ということになるのだと思う。10－11頁のスナップ写真にある、室内の高峰が着ているのがそれである。

ハワイで夏を過ごす時には涼しげなワンピース型の部屋着を着ていたが、日本では季節を問わず、この部屋着一辺倒。デザインや材質、色の濃淡に多少の違いがあるだけで、同じような部屋着が高峰のクロゼットに十着近く、今も並んでいる。丈はどれも足首まで。日本には同型のものがないので、全部ハワイで買い求めた。別に高級なものではない。

私にとっての高峰秀子は、大女優ではない、この部屋着を着て台所に立っている母親の姿だった。袖を肘の下までたくし上げ、昔のおかあさんがよく割烹着にしたように、そこを輪ゴムで止めて、炊事をしていた。

「あんたも一着買いなさい。便利よ」と言われて、ホノルルのショッピングセンターで水色がなかったから紺色のものを購入したことがあるが、一日で着なくなった。

足元がバサバサして歩けたものではないのだ。「えーい、鬱陶しい」と、私はすぐさま室内用のズボンや短パンに戻った。つまり高峰のように静々と歩き、動作がしとやかな人でないと、不向きなのである。

高峰はこの部屋着の中にネグリジェを着ていた。白く薄い、木綿の、胸元に透かし模様のある、可憐なネグリジェで夜は寝ていた。八十歳を過ぎても、実にエレガントで、ほのかに香るような、女性だった。

「コーヒーカップや煙草の吸い口にべったり口紅の跡をつけるのは、とても下品です。赤い口紅をつけなければいけない時は、唇を少し舐めて湿しておいてから、煙草を吸うなりコーヒーカップに口をつければ、口紅はつきませんよ」

そう教えてくれた。

外出用の洋服は無地。柄物や原色は一切なく、黒やグレー、茶、モスグリーンという、抑えた色合いばかりだった。ブラウスはストライプ柄が好きだった。

装飾品はTPOによって違ったが、フォーマルな席にはダイヤの指輪か、パールのネックレス。それ以外に人と会う時はシンプルなブローチを胸元に置くぐらいだった。夏にハワイでTシャツなどを着る時は、首元に小ぶりなスカーフをひと結び。

マニキュアは透明かベージュ。普段は何も塗らず、それでもきれいに切り揃えた爪は、いつも桜色に輝いていた。そして何より高峰らしいのは、松山と外出する時は二人の調和を考えてそれぞれの衣服を選んでいたことである。

「かあちゃんのおしゃれのコツは？」

以前聞いたら、一言応えた。

「目立たないことです」

足さず重ねず、塗らず飾らず、いかに美しく装うか。

装いは、知性で決まる。

エルメスのスカーフ

文・高峰秀子

私がはじめてパリへ行ったのは、昭和二十六年の春だった。パリがすべての流行のメッカであることは、当時もいまも同じである。生まれてはじめての赤ゲットの私が、パリへ行けば、さぞやあふれるほどのニューファッションが見られるだろうと期待に胸を躍らせたのも当然のことだろう。けれど、私の眼にうつったパリは、意外も意外、街ゆく女性の十人のうちの八人までが、なんのへんてつもない地味なスーツ姿だったのには、ガッカリするよりさきにビックリしたものである。

考えてみれば、華やかなファッションを売るためにはそれらを創り出す裏方がいる。パリに住むデザイナーの彼やお針子の彼女らはあくまで裏方なのであって、自分たちがチャラチャラと着飾っているヒマなど、あるはずがないのである。そういう彼女らにとって、スーツほど便利な服はないのだろう。スーツさえきちんと着ていれば、だいたいどんな場所へも出られるし、アクセサリーしだいで、男性のダークスーツに相当するフォーマルな衣裳にもなる。上衣を脱いで身軽になればすぐに仕事にとりかかれる。フランス人の堅実な生活ぶりが、そのスーツ一着に現われているようであった。忙しげな足どりで街をゆく若い女性の、スーツのアクセサリーといえば、スカーフのおしゃれ一辺倒だったようである。いままでもパリの街には、軒を並べて、という形容がピッタリくるほど、スカーフ、手袋などの小物を商う店が多い。彼女らは、なにか特別の日を迎えるときには、美しいスカーフを新調してスーツの胸もとを飾って気分を変えるのがたのしみのようである。

ほんとうはブラウスを新調したいところをスカーフ一枚でグッとがまんし、おこづかいがたっぷりと溜るのを待って、バン！　としたスーツを、というのが彼女らの考えである。

日本でも、最近はスカーフのおしゃれが流行《はや》っているらしいけれど、まだまだ着こなし上手《じょうず》といわれる人にも、黒はなかなかの難物である。若い人には似合わないし、乱暴に着ればやぼになる。

(「黒」『コットンが好き』より)

「黒のスカーフは珍しいでしょ？　私は洋服が黒が多いから、それにちょうど合うと思って」。二十数年前、松山夫妻がよく香港に遊びに行っていた頃、常宿にしていたペニンシュラ・ホテルのエルメスで求めたスカーフ。一辺90cm

衝動買いが多いらしく、フランス人ほどの計画性はないようだ。私なども、大金を投じて買ったスカーフがどの洋服にも合わず、結局はタンスの引き出しに放り込んでじだんだを踏むことの繰り返しで、口惜しい思いをしている。

パリには、私の古い友人で、フランス人と日本人の混血の女性がいる。別れた夫の仕送りを受けながら自分も働いて、二人の娘を育てているが、その生活はつつましいというか、じつに質素である。しかし彼女はエルメスのスカートをつけ、同じエルメスのスカーフをはなさない。

「このスカート、高かったけど、もう五年はいているのよ、何度洗濯したか数えられないくらい。でも、結局、高くてもいいものはトクね」

私は、その紺のスカートをしげしげと眺めたが、うちこみがよさそうでズッシリとしたスカートは、新品同様でシワひとつなく、踏まれても、もまれても、ビクともせず、「これぞ、スカート!」と、その存在を誇っているかのように見えた。

「じゃ、また明日」と、別れるころに雨が降ってきた。彼女は私と握手をすると、エルメスのスカーフで無造作に頭をつつんで駆け出した。「うわ、もったいない、それ絹でしょう?」と叫んだ私に、彼女はキョトンとした眼で振りむいた。「大丈夫よ、家へ帰ってアイロンすればピーッとなって新品に戻っちゃうから、高くってもトクよ……」ああ、この確信に満ちた答えかた……。その語気には、「エルメスともあろうものが、雨くらいでダメになられてたまるものじゃない」という、あるきびしさがあふれていた。「なるほどね……」私はフランスの女性の、したたかな根性をみせられた思いで、ちょっと呆然とし、タクシーを停めることも忘れていた。

（「スカーフ」『いいもの見つけた』より）

ブローチ

松山「気に入らないからと、高峰は店へ取り替えに行った。もう二度と買ってやらないと思った」
高峰「カメオは取り替えてない！　取り替えたのは結婚してから買ってくれた反物よ」
真相は藪の中……。

（ある日の松山家の会話より）

結婚前、松山氏からの初めての贈り物。イタリー産のカメオを、高峰さんが奥村博史（彫金家で平塚らいてうの夫）に依頼してブローチにしてもらった。長径6cm

「シンプルなデザインのものがなかったから、店を出ようとしたら、「明日、揃えておきます」とお店の人が……」と高峰さん。四十数年前、夫妻でサンフランシスコに行った時、滞在したホテルの宝石店で買い求めた。長さ7cm

〝マダム・ヒデコ〟の手提げバッグ

もともと私は、女性度が極端に希薄なようで、いまは亡き大宅壮一さんの分析によれば、「高峰サンは、男性度二五パーセント。女性度二五パーセント。あとの五〇パーセントは、ミネラルウォーターで出来ている」

（「年金花火」『にんげん蚤の市』より）

高峰さんが自らつくったブランド〝マダム・ヒデコ〟のバッグ。森英恵さんのバッグを製造している会社に依頼したもので、デザインはもちろん高峰さん。革製で6色ある。高さ22.5cm 幅22cm　マチ12cm

絵になる二人。スカーフを巻き、シンプルなコートに黒いバッグを持つ高峰さんの美しさには誰もかなわない。

お針箱

文・高峰秀子

他人《ひと》ごとでも、なんとなく楽しい結婚シーズンである。

このごろは太ももあらわなミニスカートのウェディングドレスなども出現して、〝ビックラ〟することもあるが、私のような中古女には〝結婚〟の二字を見ると「金襴緞子《きんらんどんす》の帯締めながら……」という、なつかしくも、ものがなしげなメロディーが浮かんでくるのだから、大正は遠くなりつつあるのも当然である。

この中古女が結婚したのは、もはや二十五年の昔である。家も家財道具もそろっていた私のところへ、当時、カモシカのごとき夫が（いまはいのししだが）山のような愛蔵書を持参金代わりにしてやってきたのだから、結婚のために買ったものといえば、おそろいのご飯茶碗と箸、モーニングカップくらいで、金目のものは何もなかった。ただ一つ、三十歳の新婦がわりとあわてて、念入りに物色し、そして奮発したものは時代のついた古風な針箱で、どうしてこんなものを買ったのか、いま考えてもわからない。まさか、結婚するからといって、裁縫もできない私がダンナの丹前など縫えるわけもなく、まあ、これも単なる女性の本能とでもいうのだろうか。

この裁縫箱、十年一日、同じ場所に同じ顔をして納まっていてたまにワイシャツのボタンをつけるときなどにふたをあけると、まるであくびでもしてる格好で、まったく間の抜けた存在である。それでも、木の部分はいっそうしっとりとつやが出て、金具はさびていい色になっていたが、最近、新入りのお手伝いさんが私の留守にせっせと金具をみがき上げてしまったので、ピカピカと光って、せっかくきれいになったことだから、ひとつ写真でもとってあげようかネ、ということになって、ちょっとお目にかけるしだいである。

(「針箱」『いいもの見つけた』より)

日常生活ってのはほとんど小さな、ささいなことの繰り返しと積み重ねです……例えば今日も、私が先生のお宅へ伺う前にお化粧してたら、松山が〝シャツのボタン一つ割れちゃった〟って、（中略）シャツを持ってきたの。してヒョイと針箱持ち出して直しちまう。主婦ってのは雑用係りの便利屋よ。

（『人情話　松太郎』より）

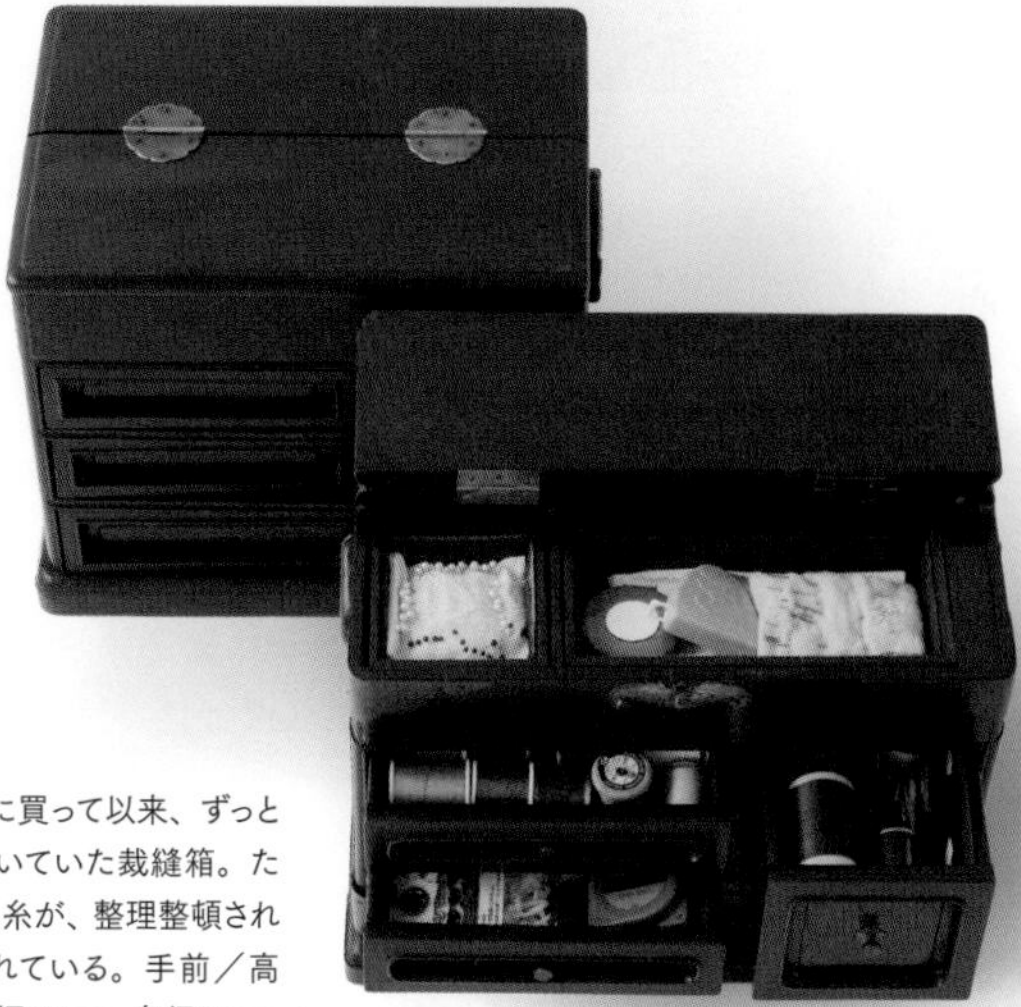

結婚を機に買って以来、ずっと身近に置いていた裁縫箱。たくさんの色糸が、整理整頓されて収められている。手前／高さ25cm 幅32cm 奥行21cm 奥／高さ25cm 幅30cm 奥行21cm

手の形のもの

文・高峰秀子

「口八丁、手八丁」
「そろそろ奥の手を出すか」
「お前は足手まといだ」
「やつは手が早くてね」
「ここらで手を引かせてもらいましょう」
「差し手《ママ》がましいわネ」
「ちょっと、手を借《ママ》してヨ」
「なにぶんにも手が足りないんで」
「それ、手ぬかりするな」
「あわれみの手をさしのべ給え」

　等々、手を使った形容はたくさんある。考えてみれば、人間の肉体の中でいちばん重要な役目を持っているのは〝手〟ではないだろうか。手は脳の出張所であり、頭がいくらよくても手がなければ人間は何もできない。私たちの住む、世界の文明文化のすべては、おびただしい手が寄り集まって作り上げたものである。

何回かの海外旅行で、ヨーロッパにはとくに、手の形をした種々な物があるのを知った。アルルの町の、民家のドアには、玉をおさえた格好の手のノッカーがついていて、その手を打ちおろすと玉がドアに当たってコツンコツンとにぶい音を立てる仕組みになっていて、同じような手のノッカーをつけたドアがズラリと並んでいたのが印象的だった。パリの古道具屋で、夫が手の形をしたカフリンク（鎖で連結したカフスボタン）を見つけ、私はブローチをみつけた。両方とも鋳物の安物だが、しなやかな指には指輪をはめ、レースのカフスが手首を飾っているのが美しかった。紙ばさみにもよく手が使ってあるが、どれも昔風のひだのあるカフスと指輪があり、そして、どれも優しい女性の手であるのは、何かの意味があるのだろうか、私にはわからない。木製の大きな手は、唯一の男性の手で、まっすぐに立てた二本の指は、V、すなわち勝利を表わすという置物で、これはフィリピン製である。日本には絶対といっていいほど、手の形をした装飾品はなく、昔からある実用品では孫の手という背中をかくためのものくらいである。手、

ペーパー・ウェイト

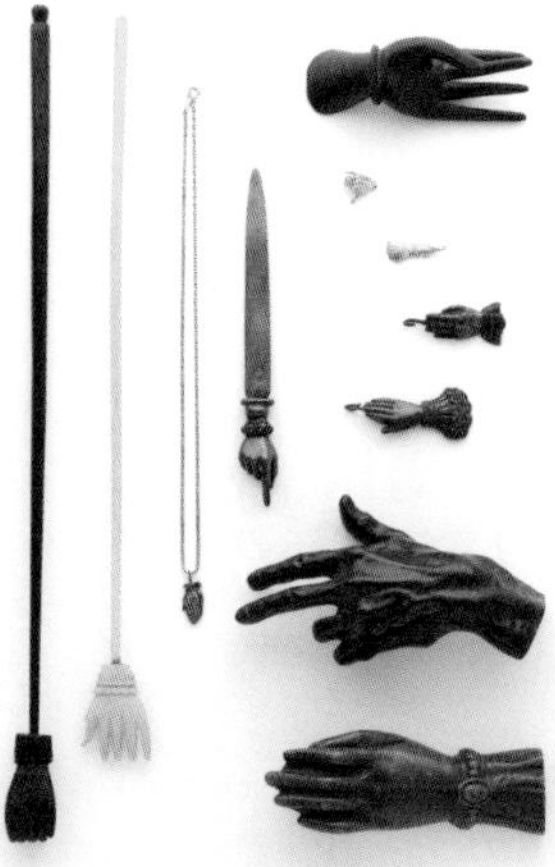

ペーパー・ウェイトとして使っている、〝手のノッカー〟。玉をおさえた手の曲線が優美。真鍮製。長さ13cm　写真上には象牙の孫の手やペーパーナイフも。

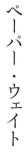

ペンダント・ヘッド

どちらかというと私は、人前で泣いたり笑ったりするよりも、台所をはいまわったり、ハンカチのアイロンをバカていねいにかけたりする陰の仕事のほうが性に合っているらしい。

(「瓶の中」『瓶の中』より)

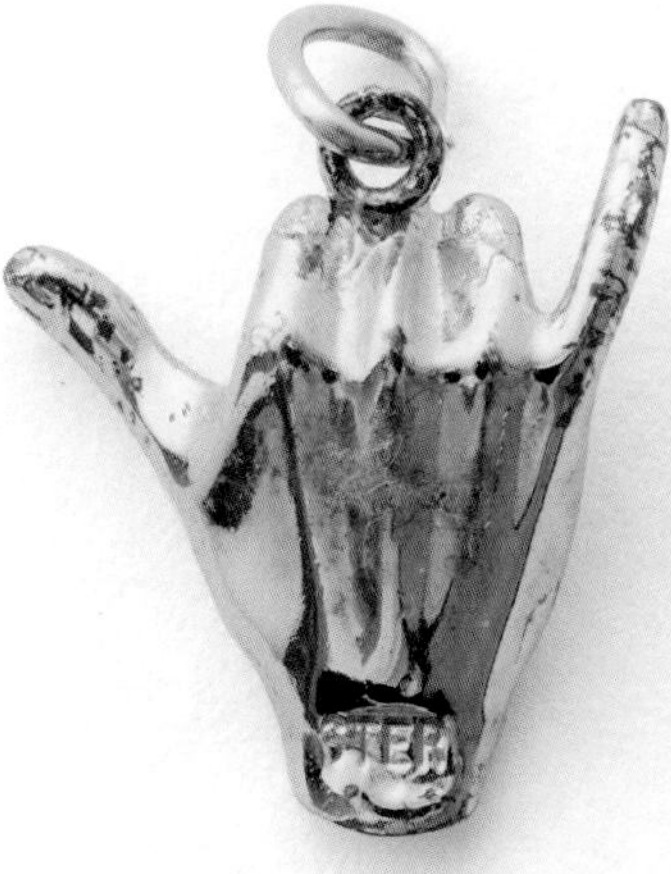

高峰さんが小さな銀の〝手〟に鎖をつけてペンダントにしたもの。高峰さん自身の手も、針仕事にお料理にと、家の中でもたえずいきいきと動いている手だった。〝手〟の長さ1.9cm

そのものの形があまりにも現実的で生々しく、淡泊な日本人には受けつけないのかもしれない。私のブローチを見た人は、みんな珍しそうにのぞき込み、口をそろえて「気味が悪い」といった。

二、三年前のことだろうか、アルルで見た手のノッカーが忘れられず、パリのノミの市をさがし回って、やっと見つけたときは、飛び上がって喜んだ。東京へ持ち帰ってさっそく玄関のドアに取り付け、手をたたいて喜んだのもつかの間で、次の日の朝にはもう心ない人の手によってもぎとられてなくなっていた。

手は生産以外にも、破壊にも、いや、破壊に使われる度数のほうが多いかもしれない、ということは悲しいことである。まず、こういう手合いには用心するより手はないものかと、手をこまぬいて慨嘆したものである。

（「手のノッカー」『いいもの見つけた』より）

ブローチ

他人がなんと言おうとも、これは私の宝ものなのだ、というものを、誰でも幾つかは持っているにちがいない。

（「まえがき」『コットンが好き』より）

パリの古道具屋で見つけた、手の形のブローチ。小さな細い薬指に指輪をはめた貴婦人のような手。長さ5.5cm

カフスボタン

松山氏のカフスコレクション。魚、貝殻などのカフス数十種類が、大切にボックスに収められている。パリで出会った手の形のカフスボタンは、長さ2.3cm

〝ナポレオン〟三種

文・松山善三

　四十年ほど昔。パリの骨董店でみつけた一枚の絵皿。そこには、右手を軍服の腹部に突っこんで立つナポレオン皇帝と、大砲一門が画《えが》かれていた。僕は、即座にそれを買った。昔、学生時代に読んだ昭和文学選集の横光利一著「ナポレオンと田虫」を思い出した。

　ナポレオンの右手が腹部にあるのは、ポーズをとっているのではない。股間に発して、腹部に這いあがって来た皮膚病、頑癬が「痒くて痒くて」、それを指先で、終日、ひっ掻いているのだ。（中略）

　ナポレオンの腹部に住みついた頑癬は、掻きむしっても、ひっ掻いても、制圧出来ない。田虫は、ナポレオンの戦歴に同調して「カイカイ」の版図をひろげ、腹上に、輪状、血まみれの丘疹となってあらわれ、見れば、ヨーロッパの地図を思わせる。ナポレオンは日夜、いらだち、田虫を掻きむしり、ところ構わず爪を立て、その都度、一国、一国を攻め落し、遂にヨーロッパ全土を席巻する。同時に、田虫も、ナポレオンの腹部全面にその威をひろげる。たまりかねたナポレオンは、ロシア大遠征をしかけるが、「冬将軍」に襲われて敗走。雪まみれ、泥まみれとなってパリへ逃げ帰り、無条件退位宣言に署名。エルバ島への流刑となる。田虫はどうなったか。ナポレオンは「カイカイ」に敗れ、発狂寸前となって、小説は終わっている。傑作である。

絵皿は、わが家の二階、踊り場にかけてある。ナポレオン像は種々あるが、右手を服中に入れているもの、左手を服中に入れているもの、二種あると聞く。何故か分からないが、僕は「カイカイ」と闘いながら、威厳を損なわないナポレオンを見てニッコリする。絵皿は、ひょっとして、ナポレオン帝国の絶頂期に焼かれたものだとしたら、こりゃ大変。「ナポレオン法典」の制定は一八〇四年と言われるから、僕の買った絵皿は、およそ二百年前の大骨董品ではないか。だから私宝なのだ。

ブロンズの長靴は、ロシア大遠征に敗れ、モスクワから泥濘の道を兵卒と共にパリへ逃げ帰った時、ナポレオンが履いていた長靴のミニチュアだと僕は思っている。蚤の市で買ったブロンズである。長靴の内側に「FACSiMiLE

絵皿

パリで出会った、松山氏の〝私宝〟、右手を腹の辺りにおいて「カイイ、カイイ」とやっているナポレオンの絵皿。径22cm

嫁さんの骨董《こっとう》好きは本物だが、僕はニセモノだ。それでも、似た者夫婦とはよく言う。いつの間にか、ホコリをかぶった茶碗に手をのばしたり、骨董屋のウインドウに飾られた壺《つぼ》や小皿を出させて、一人前のゴタクを述べるようになった。（松山善三）

（「ご馳走様、京都ふたり旅」『旅は道づれ　雪月花』より）

指輪

パリの小さな骨董屋で見つけた最大の〝掘り出し物〟。この眼光鋭いナポレオンの指輪、高峰さんによれば「(夫は)ときどき出しては眺めているから、よほど気に入っているのだろう」(『コットンが好き』)。長径2cm

ブーツ形の花入

「ナポレオンのブーツ」と松山氏が信じる、ブロンズ製の長靴。本来は壁に掛ける花入である。長さ12.5cm

DELAVERITABLE BOTTE」と刻まれている。「水びたしの長靴・複製」とでも訳すのだろうか。これはナポレオン最後の戦い、ワーテルローの戦いで敗れた敵将、ウェリントンが履いていた長靴のコピイだったかも知れない。ウェリントン・ブーツと呼ばれる記念品があると聞く。しかし、これも二百年前の骨董品だ。

さぁ、これこそ正真正銘、世界にいくつも残っていない指輪である。パリは、シテ島への橋を渡ったすぐ左側、小さな小さな骨董店でぶつかった。

店の老主人がこう言った。「それはね、ナポレオンがエルバ島へ流された時、ナポレオンを慕い、再起を誓い合った将兵、数十名が、ひそかに秘密結社「ナポレオン党」なるグループを結成、その〝証《あかし》〟として、全員が持ち合った指輪だ。作者は不明だがナポレオンの顔がいい。二度とお目にかからぬ品だよ。高いけど、買って損はない。二百年近い骨董品だよ」と。

なるほど、ナポレオンの眼が鋭い。「余はナポレオンであるぞ」と自画自賛し、口もとは「余は何ものにも屈せぬ」と、結んでいる。顔は銀製だが、髪は、金のオリーブの葉模様で包まれている。

僕は、指輪のナポレオンに囁く、「田虫はどうなりました?」。答えは、「あいつらはしつこい。しかし、ヨーロッパ全土を制圧したのは、あいつらの力だ。カイカイ、まだ、カイィ」。

（「週刊文春」2003年5月29日号より）

〝ナポレオンの指輪〞をはめた松山氏。

櫛

文・高峰秀子

「秀子ちゃん、これをあげましょう。お仕事の役に立つかもしれないから……」

そう言って、私の掌に三枚の櫛《くし》を並べてくれたのは、いまは亡き女優の田中絹代さんである。ところは、鎌倉山の「絹代御殿」と呼ばれていたスキヤ造りの絹代さんの寝室、秀子ちゃんと呼ばれた私は、そのとき十二歳だった。

菊池寛原作、五所平之助演出の、映画『新道』前後篇、『花籠の歌』と、三本たてつづけに彼女の妹役をつとめた、貧しい少女俳優だった私を、当時、二十八歳、日本映画を代表する「銀幕の女王、日本一の人気女優」であった絹代さんは、ほんとうの妹のように可愛がってくれた。私もまた絹代さんが好きだった。撮影所の中ではもちろんのこと、撮影が終わって鎌倉山の自宅へ帰るときも、「お願

自宅のバスルームにて。高峰さんの家の中は、清潔、整頓、何一つ余分な物がない。バスルームには髪の毛一本たりとて落ちていない。

い、秀子ちゃんを貸してね」と、私の母に手を合わすようにして、黒塗りの自家用車に乗せて私を鎌倉山へ連れ帰った。家にはいつも二人の女中さんの他には誰もいなかった。私たちはまずお風呂に入って撮影所のほこりを洗い流したあと、向き合って夕食のお膳に向かった。檜《ひのき》の風呂桶は蹴とばせば底が抜けるほど薄く優しく、お膳も食器もすべてがお雛様《ひなさま》の道具のように愛らしく、それにも増して私の眼の前にいる絹代さんのつぶらな瞳はもっと美しく愛らしかった。夕食のあとはファッションショーであった。洋服ダンスや和ダンスの並んだ納戸《なんど》に私を連れこんだ彼女は、サテンのワンピースや外国製のセーターなどを次々に取り出しては私に着せ、「私より、秀子ちゃんに似合う」と言って、小さな掌をパチパチと叩いた。いったい私はどれほどの服や着物を彼女から貰《もら》ったことか、いま考えても思い出せぬほどの数であり、どれもこれも当時の私がサカダチしても買えないような上等品ばかりだった。けれど、育ち盛りの私の背丈はぐんぐんとのび、みるみるうちに五尺に満たない絹代さんの背を越した。ウエストのボタンはとまらず、セーターの袖もつんつるてんになった。絹代さんの手から私の掌に三枚の櫛が渡されたのは、くれるほうも貰うほうも途方に暮れていたそんなある日のことだった。櫛は、朱色の地に金で菊の花が画かれたもの、金地に密な蒔絵がほどこされたもの、もう一枚は渋くおさえた金一色のもの、と、まるで女の一生を物語るような三枚だった。絹代さんは、遠からず少女役から桃割れの娘役に、島田から丸髷《まるまげ》にと成長する女優としての私を夢みて、三枚の櫛をくれたのだろうか？私には未だにその意味はわからない。

その後、間もなく、私は松竹映画から東宝映画に籍を移した。そしてさらに新東宝を経てフリーランサーになって現在に至っている。「松竹から東宝に移るとき、私は絹代先生に相談に行ったのだよ。絹代先生はじっとうつむいて考えていたけれど、東宝へゆくことで秀子ちゃんが立派な女優さんになれるなら、いえ、しあわせになれるのなら、私にはとめる権利はありません、と、キッパリとおっしゃったのだよ」という、母の思い出話を聞いたのは、すでに絹代先生が黄泉《よみ》の世界に旅立たれたあとだった。遅すぎる言葉は何の役にも立たない。その愛情のこもった彼女の言葉に感謝したくても、相手の姿はもうこの世に無く、今さらながら思慕のおもいが胸に溢《あふ》れた。

三枚の櫛は、あまりに上等すぎて、私の頭に乗せるには分《ぶ》にすぎた。つまり私は、彼女が私の上に夢みたような立派な女優にはなれなかったということである。私は三枚の中の金一色の櫛を、私の最も尊敬する杉村春子先生に贈った。怠け女優の私よりも、名優杉村先生の舞台姿を飾るにふさわしい、と思ったからだった。櫛は、二代にわたって日本を代表する女優の髪を飾る運命を持ったことになる。

いっときスクリーンから遠ざかっていた絹代さんは、昭和四十九年に再びスクリーンの上に姿を現わした。映画『サンダカン八番娼館』に主演して、見事に演技賞を獲得した。

文字通り終始「女優」を全うした人だったけれど、個人的には結婚にも恵まれず、子も無く、孤独な生涯をおくった人であった。晩年は、もと田中家につとめていた女中さんの家で、飼猫を膝にのせてお茶づけをすするのを唯一の楽しみにしていた、と聞く。四十余年前、私と向き合ったお膳の前で静かに箸を動かしていた大スターの彼女に、少女だった私はふと孤独の影を感じたことがあったけれど、彼女は終始その孤独を道づれにしたまま、静かに地下に消えてしまった。

それにしても、戦争や、何度かの引越しを重ねた四十余年の間に、絹代さんに貰った衣類はかげも形もなくなったのに、三枚の櫛だけは不思議にいつも私の鏡

黒無地梨地着物。さび朱の裏がのぞく、その色あしらいも高峰流。もっとも好きだった着物の一枚。

台の引き出しにあった。古い櫛には女の魂や怨念が宿っている、といわれるけれど、私に残された二枚の櫛は、私を愛してくれた絹代さんそのものと思って、生涯、私のお宝にしていたい、と思っている。

(『いいもの見つけた』より)

顔とツラ

人間の顔にはもうひとつの名称がある。それはツラである。

顔とツラは同じものだが、受ける感じはずいぶんちがう。

人間、六十歳になったら、自分の顔に責任をもて、という。たとえ、「顔」にはなれなくても「面」にはなりたくないと思う。

五歳で俳優になって、以来四十余年間、私はのべつまくなし鏡に向ってメークアップをし続けてきた。少女から老婆まで、いったい何十人、何百人の他人に化けてきたことだろう。

女というものは不思議なもので、メークアップによって半分くらいは、それらしい気分になるものだ。ズンベラボウの顔にザンバラ髪では冴えない気分もちょっと美容院へ行き、口紅ひとつつけるだけで浮き浮きするように。俳優もまた、メークアップによって、その役柄の人間に近づく努力をするわけだが、なんとしても一人の顔という土台は一つしかない。あとは演技とやらで、それらしい人間を表現する他はない。第一、いくらおでこにシワを画いてみても後ろ姿になればシワは見えないのである。俳優にとってメークアップは限度があるということで、メークアップはあまりアテになるものではなく、その役の人間らしく粧う衣裳、髪かたちなどの一部くらいに思っているほうが間違いがない。

昔、「化粧」は女の身だしなみとされていた。そして身だしなみは「女のつつましさ」に通じていた。しかし、時代が変わるにつれてミディ、マキシ、など服装の流行につれてメークアップのほうもまた、タヌキの如き目の化粧、糸の如き眉、ハート型の唇、といった風に目まぐるしく流行するから、とても一つの土台では間に合わず、土台そのものをけずってみたり、ふくらませてみたり、と、なんとも忙しいことである。あげくはせっかくの「顔」が「ツラ」になってしまったり、「ツラ」が「顔」になりそこねて自殺をしたりする。美しくなるためとあれば、それもこれも同性として気持はわかる。けれど、当人にとっては「顔」のつもりでも他人から見れば「ツラ」にしかみえない、ということだけは忘れないほうがよい。

私の友人が、出産のために香港の産院へ入院した。ある日回診に来た中国人の医師は、ベッドでグンニャリとしている友人を見てこう言ったという。「妊娠は病気ではないのですよ、ちゃんと口紅くらいつけてキチンとお化粧をしていなければいけませんね」

化粧をすることは、もちろん美しくなるためである。なんのために美しくなりたいのか？

「恋人のために……」

「他人にみせるために……」

「自分の楽しみのために……」

人によって、それぞれの理由はあるだろう。が、私はこの中国人の一言にこそ「化粧」の真髄があるのではないか、と思う。

「顔」になるのも「ツラ」になり下がるのも、すべては当人次第そのカギはその

共布でチーフもつくり、一
枚のワンピースもさまざま
な工夫で着こなしていた。

人の〝心〟がにぎっている。

（『瓶の中』より）

香水

アメリカやヨーロッパの劇場や、西欧人のパーティー会場へ行くと、その華やかな装いやきらめく宝石に目をうばわれる前に、まず、いろいろな香水の入りまじった強烈な匂いに圧倒される。

西欧人は体臭が強いので、男も女も香料を化粧料というよりは必需品として使っているようだ。男性はオーデコロンを首のまわりやわきの下に浴びるほどふりかけ、女性はより濃厚な香水を、耳のうしろ、手首などにすりこんで、それでも足りずにスプレーで下着一面に吹きつけたりする。

匂いはその人個人の性格を表示するたいせつなもので、その人の使っている香水の匂いで、その人の好みや性質まで判断できるわけだから、彼や彼女の「匂い」に対する関心はじつに深い。

私も、外国のホテルのエレベーターの中で見知らぬ人から「あなたの香水はなんですか？」と聞かれたり、街ですれちがった女性《ひと》に「あなたの香水の名前を聞いてもいいかしら？」といわれてビックリしたことがある。日本ではまず考えられないことである。

パリには、幾百、幾千種類もの「匂いのエッセンスのはいった小瓶」を並べて、客のイメージや好みに応じて香りを調合してくれる店がある。

そんな店にはたいてい、一見して有閑マダム風の女性がドッカリと腰をすえ、真剣な表情であれこれと匂いを試している。私も真似して店へはいってみたけれど、迷えば迷うほどへんてこりんな香水ができあがり、その複雑な匂いをかいでいるうちに頭痛がして閉口した思い出がある。

日本では、香水の匂いで「あ、あの人だ」と気がつくほど、香水を個性的に使っている人は少ない。私の知る限りでは、村瀬幸子さんという女性ただ一人である。

村瀬さんは、私がまだ子役のころから新劇の女優さんだった。私は映画やラジオでよく彼女と共演したが、彼女のいる場所には、いつも、なんともいえぬ良い香りがただよっていた。

その香りが村瀬さんのつけている香水の匂いなのだと気がついたのは、私が少女になったころだった。

私は村瀬さんに聞いた。

「その香水、なんて名前ですか？」

「ソワレ・ド・パリっていうのよ。パリの夕暮れって名前……。デコちゃん、好き？」

村瀬さんは、そう答えて優しく微笑《ほほえ》んだ。ほっそりとした身体に切れ長の眼もとの村瀬さんが、急に、見たこともないパリジェンヌのように思えて、私はなんとなくポーッとしてしまった。そして、私も早くおとなになって、香水の匂いで、「あ、あの人がいる」と思われるような女性《ひと》になりたい、と思った。

少女のころ、村瀬さんの効果的な香水の使いかたにあこがれてはみたものの、その後、シャネルだ、リュウだ、黒水仙だと、まるで匂いの中をさまよう浮気な蝶のように、右往左往するばかりで、いっこうに私の匂いは定まらないうちに、五十の坂を越えてしまった。

人間を五十年もやっていると、体内に溜ったオリやらカスやらヘドロのためか、体臭までがクサクなる。

そこらにある香水を、手あたりしだいにぶっかけて、老臭を消すなんて、ああ、夢もへちまもあったものではない。

ときおり、街の香水売場で「ソワレ・ド・パリ」の紫色の香水瓶をみかけるたびに、私は、村瀬さんの優しい笑顔をなつかしく思い出す。

そして、一つの匂いと何十年もつきあい続けてきた彼女は、やはり、ひとすじの気性を持った、見事な女性《ひと》だと感心してしまうのだ。

(『いいもの見つけた』より)

スーツ

あたりまえのことだが、日本国には春夏秋冬という四季がある。

夏といっても耐えられぬほどの暑さではなく、冬のきびしさも、瞬間冷凍になるほどの寒さではない。暑いの寒いのといっても、ゼイタクなほど日本の四季はおだやかである。

春夏秋冬……人それぞれに好きな季節はあるだろうけれど、重たいコートを脱ぎ捨てて身軽になる春のはじめは、やはり心まで軽くなる思いだ。

花屋の店先に春の色があふれ、木々の梢がチラチラと青い芽を吹き出すと、人々もまたモッコリと着こんだ衣類を、まるで殻でも脱ぐように一枚一枚と脱いでゆく。家の中ではセーターとスカート、そして外出着には軽いスーツ……。そう、春はスーツを楽しむ季節ともいえる。

ふだん着のセーターは、バーゲンや手作りで間に合わせても、春風の中のスーツだけは、少々はりこんで新調したいと思うのが人情である。私は以前から一年間の外出着を「スーツ二着」で通す工夫はないものか？　と考えていた。

女優という商売は、好むと好まざるとにかかわらず、やたらめったら衣裳がいるので、その繁雑さにうんざりし、もうちょっとスッキリした服飾生活をしたいと思うあまりに、こんなことを考えるのかもしれないし、スーツという便利な衣類を、自分なりにフルに試してみたい、いまはやりの言葉でいえば「スーツに挑戦してみたい」のかもしれない。

スーツにも、ピンからキリまであり、ブティックを二、三軒のぞけば、カジュアルからフォーマルなスーツまでがずらりと並んでいる。まさに目の毒、迷いのもとである。

私が二着のスーツを選ぶとすれば、軽いスーツと重いスーツに決める。

一着は布地もデザインも気軽なもので、たとえば、上等のニットかホームスパンのスーツ。色は無地でブラウスやスカーフで変化をつける。これが朝から夕方までの軽いスーツ。もう一着は、男性のダークスーツに相当するフォーマルスーツとして、布地も仕立ても最上等にしたい。色はもちろん無地で、黒か、それに近い濃い色を選ぶ。そうすれば、冠婚葬祭はもちろん、宝石やコサージュなどのアクセサリーひとつで、どんな場所にも出られる。夜のパーティーの招待状に、もし、「ブラック・タイ」という指定があれば、女性はイヴニング・ガウン着用、ということだから、そういう席に出る必要があるなら、上衣と同じ布地でロングスカートを作っておけばよろしい。色とりどりのはなやかなロングドレスの中でのスーツスタイルは、キリッとして、かえって効果的かもしれない。

考えてみれば、私たち日本女性のほとんどは、無意識のうちに、和、洋という二重生活をしているわけである。和服と洋服、じゅばんとスリップ、足袋と靴下、草履と靴……。

身のまわりがごたごたするのはあたりまえである。やっぱり、スーツ二着でスマートにゆこうっと……。

ちょっと得意になって、夫に話したら、「その代わり、アクセサリーはダイヤモンドやエメラルドなんてことにならないようにお願いします」と、一本、釘をさされた。

（『いいもの見つけた』より）

ロングドレス

この二、三年、私たち日本人の服飾関係に目立って浸透してきたのは、ブーツとロングドレスだと思う。ブーツはどちらかというと、ヤングに先どりされた格好だけれど、ロングドレスは年齢の関係なく、深く静かに潜行しつつあるようだ。

ロングドレスを着る場所は、結婚式など華やかなパーティーが多い。若い女性はナウなドレスを、そして年配の女性は鹿鳴館時代のローブ・デコルテへの夢よろしく、最近は、和服の訪問着や色留袖の間に、さまざまなロングドレスが仲間入りしている。

ロングドレスは、なぜ、着られるのだろう？「和服の盛装はお金がかかるから」「和服の着つけが面倒だから」「形の悪い脚をかくせるから」「身軽で経済的だから」と、それぞれに理由はあるのだろうけれど、ロングドレスはまだまだ私たち日本女性にとって「新鮮な衣裳」であるとともに、やはり「一度は着てみたい衣裳」なのではないかしら？　と私は思う。私は商売柄、少女のころからロングドレスを着てステージに立って歌うことが多かったが、「私も一度でいいから、すその長いドレスが着てみたいわ」といわれるたびに、「ヘエ、そんなものかしら？」と思ったことがある。ロングドレスは、いうならば私の仕事着であったから、珍しがられることのほうが私には珍しかった。敗戦後、現在《いま》の東京宝塚劇場はアメリカの進駐軍に接収されて、兵士慰問のための劇場になっていて、「アーニーパイル劇場」と呼ばれていたが、さあ、そのステージで歌うことになったが、ロングドレスがなく、あわてて、旧日本軍の落下傘用の白絹や、和服の雨コートをドレスに仕立てて着たこともあった。大きいステージはやはりロングドレスのほうが格好がいい。当時は「ロングドレス」とはいわず、アメリカ風に「イヴニング・ガウン」と呼んでいた。

さて、いったい私たち日本女性に、ロングドレスは似合うものか、どうか、となると、なかなかむずかしい。もちろん西欧人の中にも身体に対して頭の大きいちんちくりんや、脚の短いデブもいるけど、なんせ、生まれたときから洋服を着慣れている彼女たちは、ロングドレスを着ても、背すじをピンと張り、どこか颯《さっ》爽《そう》としていて、いわゆるものおじをしない。ちょうど私たち日本女性が和服を着たときにいうにいわれぬ、ある自信を持つのと同じなのだろう。最近の若い女性の肢体は、そこら？　の外人サンより、よっぽどのびのびと美しくなった。脚の長さだって申し分ない。ブーツもロングドレスもよく似合う。ただし人形のようにジッとつっ立っている限りは、である。一歩歩き出したら最後、百人のうち九十人までは、せっかくのロングドレスがネグリジェや腰巻きに見えてしまうのは、いったいなんとしたことだろう？

私たち日本人の歩きかたは、自慢じゃないけれど世界一といっても過言でないほど「下手」である。背中を丸めてのチョコチョコ歩き、ヒザの曲がったヒョコヒヨコ歩き、その中でも日本人特有の内また歩きは、ロングドレスやブーツの大敵だと私は思う。ロングドレス着用経験者の一人としてチイといわせてもらうなら、まず第一に、下着だけになって大鏡に向かって歩き、自分の歩きかたをチェックしてみることだと思う。われながら申し分のない歩きかただと思ったら、それでOK。つぎは、とにかく着慣れることである。新調のロングドレスをパーティーの当日までしまいこんでおかずに、せめて、二、三度は身につけて、ちゃんと靴をはいて、家の中をグルグル歩いてみたり、腰かけたり、階段を上がったり降りたりして、着こなしてしまうことである。ロングドレスの生命は、一にも二にも優雅なすそさばきにある、と私は思うからである。なにが忙しいのか、ホテルの廊下をロングドレスのすそをたくしあげて歩いている女性《ひと》を見かけるけれど、あんなカッコ悪いものはない。あの姿は和服でいえば尻はしょりをして腰巻きを出す夕立ちスタイルと同じである。

とにかく、ロングドレスを着ちまった以上は、やぶれかぶれで、「自信」を持つことが、美しくみせる唯一のコツといえるのではないだろうか。ファッションモデルのように眼尻吊り上げて肩で風切る、という感じではなく、そう、話はちょっとオーバーかもしれないけれど、来日したエリザベス女王の、あの気品と優雅さこそ見習うべきではないか、と思う。エリザベス女王は、腰をぬかすほどの美人でも、スタイル抜群の女性でもない。しかし、彼女はおどろくべきチャーミングな女性《ひと》である。

(『いいもの見つけた』より)

パリの素顔(抄)

パリには矢張り良いものがあることは勿論で、飾窓など覗いて歩くとどうしても眼がこえて一寸やそっとのものでは満足しなくなってしまい、結局買えないけど中途半端じゃ癪だってんでセーターにスカートでとぼけているより仕方がありません。いいものは高いのは当り前のことかも知れませんが、日本ではこの高さは想像がつかないと思います。三十万、五十万の洋服なんてものはみるだけでたくさんなので、そうかといって着のみ着のままでここへついた私は、冬近くなれば風邪をひきそうで心細くなってきました。

こちらでお友達になった二世の美人、山崎プレ（ニック・ネーム）嬢の紹介でスーツとコートをつくりました。

マドレーヌの側のビルの二階にある小さい洋服屋さんです。

ここのご主人、お医者みたいな恰幅のいいお爺さんでお世辞もいわず真面目くさった顔をしているけれど、ひとたび仕事となると気狂いです。私は着て帰るつもりで同じ布地の灰色でトロア・ピエス（三つ揃い）を作りました。値段の高いのには一寸眼が大きくなりました。

一度目の仮縫いは白い木綿の布地でモデルをとります。私はお化けみたいに白いきものに包まれた自分を鏡の中にみて如何なることかと思いました。二度目の時は、布地は灰色のだったけど裏返しで縫い目は全部外に出てます。三度目には、お爺さんは、あなたと同じマヌカンを作ったから大丈夫だとニコニコしてました。

三度目、四度目と仮縫いをするので、そのたび、少し痩せましたねとか、肥ったナ、とかいわれ本当にお医者みたいなので可笑《おか》しくなってしまいました。私の肥り工合や背の高さによってモデルの四つボタンを三つにするとか、フレヤーを一本だけ減らしたとか、ボタンはわざわざ染めさせたとか、もうこうなるとおまかせするより仕方がありません。

前にまわり、後から眺め、お爺さんは汗をたらしながら眼の玉を飛び出しそうにして一生懸命です。ふと気がついて、少しお休み下さい、疲れたでしょう？といいますが、まだ私の上着の丈を計ることに夢中です。

一体、何度仮縫いをすれば出来るのでしょう。

でも、何だかこの頃の私は、この洋服屋の戸口のベルを鳴らすことが一つの楽しみになってきました。高い仕立代のことも余り気にかからなくさえなってきました。今のところ一週間に一度の仮縫いが、私のパリ生活の日を占領しています。

マロニエが、もっともっと黄ばみ、レストランでカキが出はじめる頃、そして二、三回風邪をひいたり、なおったりする頃、私はこの灰色のコートを着られることでしょう。

（『巴里ひとりある記』より）

ダイヤモンド

昭和二十三年のある日の午後、私は成城の自宅で一個のダイヤモンドを瞠《みつ》めていた。キリッとしたエメラルドカットのダイヤモンドが放つ七彩の光に圧倒されて、私の胸はときめいた。男性は、優れた日本刀に本能的に心ひかれるというけれど、女性がダイヤモンドに魅せられる感覚と、どこか似ているような気がする。

敗戦間もない当時の日本は、てんやわんやの大混乱の中にいた。税制が変わって、もと宮様も大財閥も財産税の支払いで大混乱の最中だったのか、私の家には、もとナニナニサマの持ち物という触れこみで、銀製の食器やら金銀細工の置物やら、宝石類の売りものが続々と持ちこまれた。その中から、山椒は小粒でもピリリ、という感じでピカリと現れたのがくだんの角ダイヤであった。

三カラット、百二十万円、という値段が高いのか安いのか私には分からなかったけれど、私は即金でその石を買った。私はその石を指輪に仕立てて自分を飾ろう、とか、人にみせびらかそう、とは毛頭考えなかった。日夜、撮影所での重労働と、養母との泥沼のような葛藤に疲れ果て、メタメタになっていた私は、疲れた時、悲しい時に、一人でこの美しい石を眺め、この石と遊び、この石から夢を貰おう、と思ったのである。

ところが、結果は裏目に出た。「優れた宝石には魔が宿る」というけれど、吉を買った筈のダイヤモンドはとんでもない凶を私の家に持ち込んで来たらしい。ダイヤモンドを買った翌朝、撮影所へ行くために玄関に出た私に、母はいきなり大きな肘掛け椅子を投げつけた。不意をくらって尻もちをついた私の上に、母の怒声が落ちて来た。

「親の私がダイヤをはめるなら話は分かる……娘の分際でお前は！　買ったダイヤを持って来い！」

母の眼尻は吊り上がり、身体は怒りでブルブルと震えていた。母は足袋はだしで三和土《たたき》に飛び降りて私に摑みかかった。私は転がるように玄関から逃げ出し、撮影所への道を走りながら、心の中で叫んだ。

「あんな奴に、あの美しい石をやるもんか！　ダイヤが欲しけりゃ勝手に買って、十本の指にはめるがいい！」

けれど、いま考えてみると、あの時の母の怒りは分からないでもない。母の怒りは悲しみの裏がえしだったのだ。それまで私は、母が財布に入れてくれる小遣い以外に、自分の金を使ったことがなかった。それが突然、「百二十万円」という大金を、アッという間に使ってしまったのである。「自分が稼いだ金で何を買おうが私の勝手だ」という、私の暗黙の言葉を、母は敏感に嗅ぎつけ、私がもはや「子供ではなくなった」ことを認識すると同時に、一人娘に置きざりにされた孤独な自分が淋しかったにちがいない。とにかく、長年、薄氷を踏むような母娘関係を続けてきた二人を決定的に決裂させたのは、美しく高価な一粒のダイヤモンドだった。

昭和三十年、私は結婚した。二人とも貧乏で、仲人から借金をしてやっと結婚式をあげたほどだったが、記者会見の席上で彼は「土方をしてでも彼女を養います」などとカッコのいい大見得を切った。それなら結婚指輪くらいは買って頂くのが当然である。彼はどこでどう工面したのか、ケシ粒ほどのダイヤがポチポチと並んだ結婚指輪で私の指を飾ってくれた。

二年経ち、三年経ったころ、彼はケシ粒くらいのダイヤを米粒ほどのダイヤに買い替えてくれた。五年経ち、十年経って、米粒は小豆粒になり、私は、夫の歴史が刻まれた結婚指輪を大切にしていた。いたというのはヘンだが、私はその指輪を、ある時、ある場所の、とんでもないところへ落っことしてしまったのである。ある時というのは昭和四十七年の四月で、ある場所というのは空の上で、とんでもないところというのは飛行機の洗面所のウンコ溜め、である。

そのとき私は、大切な婚約指輪と結婚指輪のふたつを洗面台の奥のほうに置いて手を洗っていた。

「オ、ゆれたな」と思ったとたん、二個の指輪はピョンピョコピョンとジャンプして、アレ！　という間にポチャンとウンコ溜めの中へ消えてしまったのである。私は呆然となったが、なんせ「夫の執念のかたまり」の指輪である。私はションボリとしてパーサーに打ちあけた。パーサーは「ウーン」と唸って天井を睨み、なぜかバケツと大量のオシボリとビニールを持って洗面所へ消えた。

二十分も経った頃、洗面所の扉が開いた。ニッコリと顔を出したパーサーの指先に、二個の指輪が入ったビニールの袋がゆれていた。ウンコ溜めをくぐってきた二個の指輪は、いまも並んで私の薬指に光っている。いよいよ、夫と私は臭い仲になった、というわけである。

日本国にダイヤモンドがお目見えしたのは明治三年ごろという。尾崎紅葉の代表作といわれる『金色夜叉』は明治三十年に書かれたが、貫一と宮の仲を引き裂く「悪魔の先達」に、二カラット三百円の金剛石《ダイヤモンド》が登場している。

当時の米価は一升十銭であった。現在今日の米価は内地米で一升七百円、ダイヤモンドは一カラット五百八十万円ということだけれど、最高の品ならもっと高価な筈である。宝石の値段ばかりは、一カラットが五百万円だから二カラットで一千万円という単純なものではない。

カラット数が大きくなるほど希少性が増すために、その値段も飛躍的にハネ上がる。あたりまえなのかもしれないけれど、どこか理不尽な気もする話である。

日本の既婚婦人の八〇パーセントは婚約指輪を持っていて、その半数以上がダイヤモンドだということだが、ウンコの洗礼を受けた指輪を持っているのは、たぶん、私一人だろう。

（『コットンが好き』より）

真珠

私は二十歳の年を迎えたとき、生まれてはじめて、自分の身を粧《よそお》うためのアクセサリーを買った。

それは美しい真珠の首かざりだった。

予算の関係で、粒こそ小さかったが、色もマキも申しぶんなく美しい首かざりであった。こんな美しいものが自分の持ちものになったというよろこびと、自分が働いた収入でかち取ったもの、という自負で、私は二重の満足にひたったことをおぼえている。

子供のころから、私一人の収入で親兄弟の生活をみなければならなかったので、自分の身を飾るためのアクセサリーどころではなかったのである。だから、二十歳になってやっと手に入れたひとすじのパールは私にとって唯一の宝物の感があったのである。

宝石といってもいろいろ種類があるのに、なぜあのとき真珠を選んだのか、その理由はもう忘れてしまったが、子供心に真珠の美しさに魅せられて、いつかは自分のものにしたいと思っていたのだろうか。女というものは執念深いからたいていそんなところかもしれない。

このごろになって、ボツボツ宝石らしいものを身につけるようになっても、

黒いワンピースに真珠のネックレス。どんな時代にも美しく見える永遠の装い。

やっぱり私がいちばん好きなのは真珠で、つい、アクセサリーというと真珠をつけてしまう。洋服のかり縫いのときも、いちばん気に入った真珠のネックレスをつけてエリあきやバランスをみるくらいだから、洋服をひき立てるためにアクセサリーをつけるのではなくて、アクセサリーを主役に、洋服をバイプレーヤーに仕立ててしまう。私の服が年がら年じゅう、ほとんど黒とグレーで、それもいたってシンプルな型に決まっているのも真珠に大いに原因がありそうである。

ずうっと昔に、こんな話を聞いた。フランスの女性は結婚して女の子が生まれると、一粒の真珠を買う。そして、毎年女の子の誕生日がくるたびにいく粒かずつの真珠を買い足してゆき、その子がお嫁にゆくときに、その真珠の玉をネックレスに仕立ててお嫁入りの道具に持たせるのだそうな。経済的なフランス人らしいやりかた、と言ってしまえばそれまでだが、なんという女らしい、夢にあふれた思いつきだろう、と私は大いにこの話が気に入った。年々その数を増す真珠の粒をながめながら、母親らしい思い出や感慨にふけっているフランス女性の姿が目に浮かぶ。

私は、この話が忘れられなかった。そして、ついに、わが娘ならぬ私自身のためにこのアイディアを実行したのである。それは、私が二十歳のときに買い求めた小粒のパールのネックレスを少しずつ大粒のパールに変えてゆくことだった。お金のあるときは四粒ほど、お金のないときは二粒だけ、と、何年もかかって私はとうとうその望みを達したのであった。これも女の執念のたまものである。真珠は穴のあいていないものは指輪やイヤリングになるので値段も高くなるのだが、それだけに無疵《むきず》で質のよい珠がある。たくさんの粒の中から色やマキをそろえ、これとおもう粒をより出す楽しみはまた格別である。私はその後、何本かのネックレスを買ったが、いまでも古い思い出のある真珠のネックレスがいちばんかわいい。

私は、真珠のもつ美しさ、優雅さ、手ざわり、すべてが好きだけれど、いちばんの魅力といえば、真珠が「生物」、生きものであるということだろう。真珠は塩分や水分をきらい、綿花などにつつんで長い間しまっておくと窒息して死んでしまうものだとは聞いているが、私には信じられなかった。

それは、終戦後、間もない、世の中がまだ混とんとしていた時代だった。そんなある日玄関に、ふくらんだ書類カバンを抱えた男の人が現われた。「ごらんになって、お気に入ったら買っていただきたいのですが」と言いながら、開けたカバンの中から、長さ六十センチもありそうな真珠のネックレスが現われたのである。真珠は美しい光を放って、と書きたいところだが、残念ながら、それらの真珠はことごとく死んでいた。まるで腐った魚の目のようにドロンと白くにごって。この真珠はもと高貴のお方の持ちものであったというが、戦争中、何年もの間ケースの中でひっそりと日を重ねていたのであろう。真珠は呼吸もできず、湿気にせめられて、だんだんとツヤを失って死んでいったにちがいない。私は死んだ真珠の姿を見て可哀想でならなかった。「真珠が死んでいるわ」という私の一言に、その人は恐縮して帰っていった。

そのふくらんだカバンを見送りながら、ふれればカラカラと空しい音を立てた真珠の哀れさを思い、その真珠の持主であった、高貴のお方とやらを思い浮かべていた。苦しかった戦争も敗戦に終わり、多額の税金に追われて、せっぱつまって、大きな宝石を売ろうとした決心は、女としてさぞつらいことであったのではないだろうか。そうして泣く泣く取り出した真珠は、腐った魚の目のようになって死んでいた。その真珠を見たときの彼女の驚きと悲しみ……。そのショックが、まるで自分のことのように思えて、私は心が痛かった。

「ことし、上がった真珠です」といわれる真珠は、たしかにいきいきとして美しい。反対に古い真珠は年ごとにその色ツヤを失ってゆく。百万も、二百万もする立派な真珠でも、やがて死んでゆく命には変りはない、にもかかわらず女性が真珠を愛するのは、真珠に命があるからではないだろうか。生命の美しさ、そして生命のはかなさ、それを知ってのうえで、なおも愛さずにはいられないという女性の気持ちは、男性にはとうてい不可解なことだろう。

男には知られたくない秘密を女はたくさんもっている。

私は、真珠を愛する女の気持ちの中には、なにか母性の愛に通じる、なにかがあるような気がしてならないのだ。「愛ではなくてそれは女の執念というものさ」という、男性のイジワルなことばも聞こえないわけでもないが——。


（『コットンが好き』より）

服装あれこれ

秋それも私の一年じゅうで最も好きな十月がもうすぐにやってくる。私はこの季節だけは仕事も何も放り出して怠けほうだいに怠けたい。澄んだ空をぽかんとながめて暮したり、ぶらぶら当てもない散歩をしてみたり。暑気が去って空気も落ち着いて、人はようやく本腰で仕事に取り組もうという月なのに、私はまるでその反対に、十月だけは私の休日としたいのはよほどの怠け者と認めざるを得ない。

秋といえば私の頭にはすぐさま半袖のジャージーの軽いワンピースが浮かんでくる。

私のもっとも好きな服装の一つである。

私は体を締めつける服が大嫌いなのでつい冬はスェーター春と秋にはジャージーの服で過ごしてしまう。商売柄、必要に迫られて柔らかい感じのものも写真うつりのよいものも作るには作るが、仕事以外にそれを着ることはめったにない。

年がら年じゅう同じような布地で同じようなスタイルのものを変りばえもせずに着ていて、今更ながら自分の頑固さに呆れてしまうくらいである。何を作ってみても結局は、自分が安心して着ていられるという、自信には敵うものがないということである。

したがって、気に入る布地が見つからなければ何か月も服を作らないが、これと思ったものがあれば同じ布地を二着分も三着分も買いこんでしまうくせがある。スェーターなど気に入ったら最後、うすくなってすいてみえるくらいになるまで着てしまう。

四年前にアメリカのデパートで買ってきたつるしんぼのキャメルのオーバーコートを七分コートに直し、半コートに直し、また短かいジャケットに直して、未だに大事に愛用しているような工合である。

そんな風だから作っても一度も手を通さない服ができてくる。それならそんな服がうんとこさタンスにぶら下がっているだろうというとそうではない。私は着もしないものを無駄にしまい込んでおくことができない性分だし、それほどお金もあるわけでもないのでこれを片っぱしから処分する。さいわい私のかかりつけの洋服やさんはとても親切で、頑固な私の性分をよくのみこんでいて、私が仕事で忙しい時などもこういう始末を全部引き受けてくれる。

なおしものは快くしてくれるし、自分の意見をおしつけず、古い（といっても水をくぐったこともない代物だが）ものを何枚か売っては新しい布地をさがしてきてくれるまめまめしさである。

服装に限らず、靴でもハンドバッグでも、私は自分の色、チャコールグレー、黒、それに若干の柿色、ダークグリンのほかは、ウインドウでいくら心をひかれても、ダンコ買わないことにしている。

だから人がみたら、商売に似合わずものを持っていないなと、思われるかもしれない。けれど私はそれで満足である。

うんと上等なものを、ごく少量に持つ、それが私の理想なのだが。

とにかく私は俳優の仕事でも止めて奥さん商売専門にでもなったら、ますます洋服ダンスの中味は少なくなって、そうすれば、したがって、チョキンの方も少しは溜ってくれるのではないかなど、いささかの希望をもっている次第である。

（『ダンナの骨壺』より）

奇を衒うようなものは着なかった。誰もが着るようなシンプルな形を好んでいたが、どれをとっても、妥協を許さず、質にこだわった。高峰さんにとってはそれが逸品だったのだ。

自分をよく識《し》ること

私はあまり自分のお洒落ということについて関心が深い方だとは思われませんが、かといって私の場合、仕事にも影響しますので、そう無関心でいるわけにも参りません。映画の衣裳なども或る程度任される事の方が多く、そんな時は役の人物になり切って衣裳を選ばなければならない訳ですが、やはり、自分の好みが必ずどこかに出て了《しま》うようです。

普段はただ〝清潔に〟ということを一番気にかけています。それで、髪の毛なんかも、ちょっとでも埃っぽい感じがするともう我慢が出来ず、洗い過ぎると云われる位、しょっ中洗っているのですが……。

ただ、私が自分で身の廻りのことを考える時、自分でこう、と信じたらどこ迄もそれをやり通す、という頑固なところがあります。人に云われたことや、流行の事などを参考にする事は勿論大切ですが、自分、というものを持っていなかったら、色々な人に云われる度に、その度にいろいろに変って了う、そういうのではやはり困る、と思うのです。

これなら自分に似合う、自分に合った色だと信じたものには何処までも頑固である、という事、自信を持って着ていられるものが、一番安心していられる、安心して着られるものがやはり一番自分にしっくりぴったり似合っている筈だと思うのです。

自分の事を本当に識って考えられるのは自分しかない、という事はお洒落に就《つ》いても云えるのではないでしょうか。自分をよく識って初めてしっかりものを選ぶことが出来る……。

先頃、新聞で云われていた百円のイヤリングの可否なども、百円であろうと、又つるしんぼの洋服を買おうと、それがただの人真似でなく自分にぴったりだと感じた事だったら、少しも構わないと思います。

結局〝お洒落〟という事については「自分をよく識っての上ならばどんな風にしてもよい、その人の自由だ」と云えるのではないでしょうか。

（「それいゆ」一九五五年冬号）

コラム　高峰秀子の筆跡 1

絵

文・斎藤明美

高峰さんが描いた壺の絵。松山氏との共著『旅は道づれガンダーラ』でも、これと似た壺の挿絵を描いた。これら旅先で描いた絵を高峰さんは額に入れて知人にプレゼントした。斎藤さんも数枚もらっている。12.5cm×7.5cm

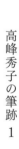

「大石先生」と生徒二人が、なんともほのぼのとしたタッチで描かれた絵。小豆島が舞台の名作映画『二十四の瞳』の公開は1954年。この絵は、翌年刊行された高峰さんの第二エッセイ集『まいまいつぶろ』の口絵として収載された。

高峰は本業の演技はもちろん、文章も料理も上手かったが、絵も非常に上手だった。

ここにある二枚（90－91頁）は、たまたま平面的に描いてあるので、そう上手に見えないかもしれないが、人物の描き方が特に上手かった。

表情やしぐさなど、デッサン力を要する絵にそれは表れていた。

まだ二十代の頃、素人、と言っても藤山愛一郎など著名人が集まって趣味で絵を描く「チャーチル会」というグループに一時期高峰も所属していたことがあるが、もちろん多忙な人間の集まりだから、普通の絵画教室のように、まずはパステルで造形描写からなどという丁寧な教え方ではなかった。

高峰の絵の上手さは、生まれつきである。

絵も文章も、修業や勉強をするに越したことはないが、描いたら描けた、書いたら書けたという、まずは生来の才能が不可欠だ。

だからいくら努力しても才能がなければゼロ。残酷な分野である。

高峰が絵筆を持っているのを、私は見たことがない。

しかし私にファクシミリを送ってくれた時など、文章の最後に「お疲れかあちゃん」と小さく但し書きを付けた、文字通り疲れた表情の自分の顔が描かれていて、その上手さに驚いたことがある。

そのように、たとえば何かを説明するために図や絵をサササッと描く様を見て、私は「この人は絵が上手いな」と確信した。私も絵を描くのが好きなので、その確信は外れていないはずだ。

これまでの私の経験から言うと、文章と絵の上手さは正比例する。動物の脚を四本の雨だれのようにテケテケに描く人は、文章もまずい。

つまり、実物のあるなしに関係なく、対象を自分がどう捉えどう感じたかを形にする能力、手先と脳の連携作業に、高峰は長けていたのだと思う。

高峰に欲があれば、絵も〝仕事〟になっていたかもしれない。

4点とも、夫婦でエジプトを旅して著した『旅は道づれツタンカーメン』(1980年)挿絵の原画。映画作品でも美術を担当するほどだった高峰さんは、自著の挿画や装幀を多く手がけた。旅で出会った印象深い人々や動物を、ペンと水彩で生き生きとあらわしている。

『旅は道づれガンダーラ』の挿絵より、
ターバンを巻いた男。ペンで描いた太
くきっぱりとした線が、高峰さんらしい。

文・斎藤明美

家の間取り図

98頁の図は母屋の二階部分だけの間取り図で、この上下階も、庭も離れも省略されている。二人が長年住んだハワイの家の間取りを高峰が気に入り、東京の家を縮小する際、それと同じ、居間・寝室・書斎の三部屋を中心にする設計にしたのである。

初めて足を踏み入れた時、私はそれまでにない開放感を感じたのを覚えている。天井がとても高いので、単に「広い」という平面的な感覚でなく、空間の大きさを感じたのだ。そして応接セットと食卓の間があまりに離れているので、私はそこに突っ立って「ここで何かするんですか?」と訊ねて、「別に何もしませんよ」と高峰をキョトンとさせた。広くて八畳ぐらいの部屋しか知らず、そこに簞笥や家具が所狭しと並んでいる家で育った私は、「こんな何も置いてない広い場所、何に使うんだ？」と思ったのである。だから松山家で夕食をご馳走になり始めた頃は、当時居た自宅マンションに帰宅するたび、息が詰まるような気がしたものだ。

数か所に生けた花の絵があるように、高峰は本当に花が好きだった。それもバラやカトレアではなく、水仙や小菊など楚々とした花を好んだ。中でも都忘れが一番好きだった。花を含め室内には高峰好みの素敵な調度品が配されているが、それら〝物〟以外に一つ、高峰の人柄が如実に現れている箇所がある。寝室のベッドだ。材質云々ではなく、使い方。どちらがどちらのベッドで寝るか。

図面で上にあたるのが高峰のベッドだ。

「ふ〜ん、かあちゃんは右側で寝るんだ」

私は最初、単純にそう思った。だがハワイの家では左側が高峰だった。つまり、高峰は入口に近いほうのベッドで寝ていたのである。上座に夫を寝かして。そういう人だった、高峰は。

「わぁい、かあちゃんのベッドだねぇ〜」

私がふざけて高峰のベッドに飛び込むと、高峰ははにかんだような笑顔で言っ

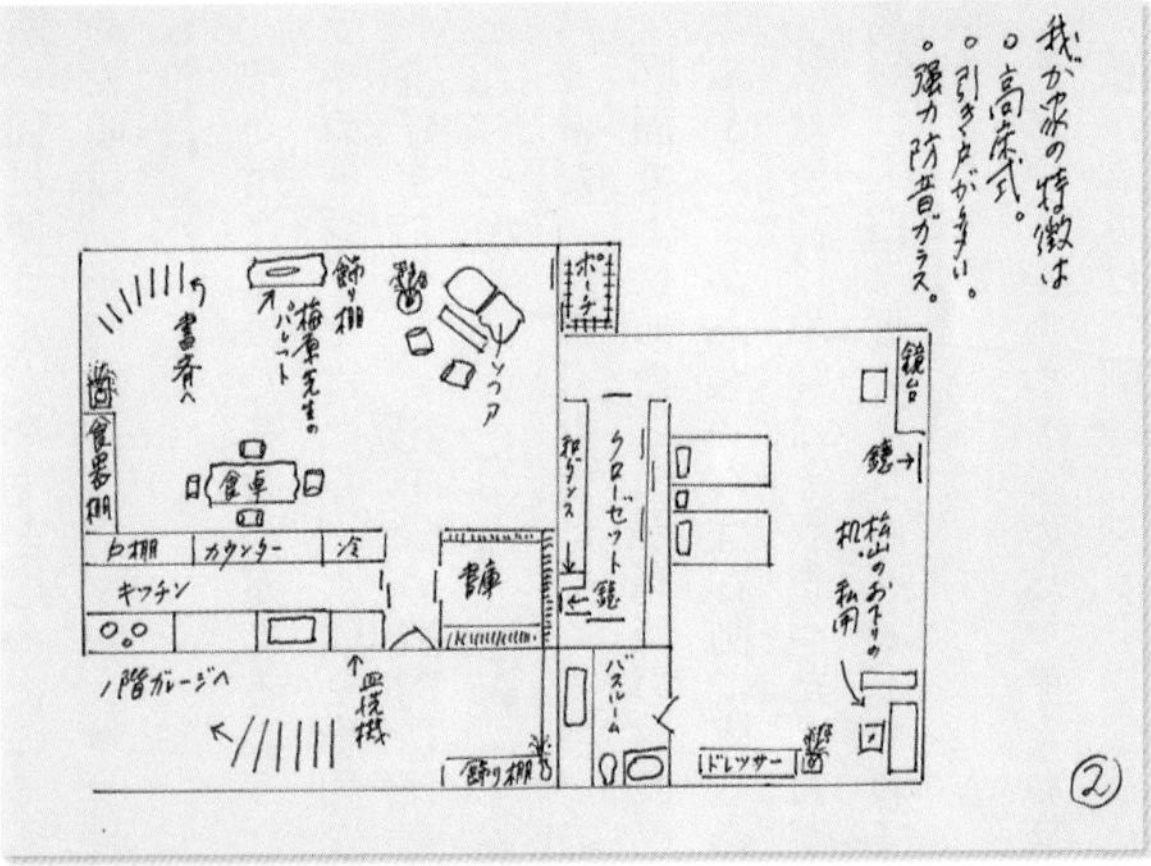

麻布の「終の住処」の間取り図。3階建ての古風な教会建築だった家を、1990年に〝縮小〟した。「「家」の履歴書」取材の際、斎藤さんが高峰さんに描いてもらったもの。

た、「〝かあちゃん臭い〟よ」

今、松山は時々、高峰のベッドに寝転がる。

「ダメ！　かあちゃんの匂いが消えるでしょ」

しかし怒る私が、酷というものである。

一九七二年十一月刊『瓶の中』、一九七九年七月刊『つづりかた巴里』──いまでは絶版となって読むことのできない高峰秀子さんの著書から、暮しについての珠玉のエッセイを選びました。

整理整頓芸のうち　衣

「女優だから、さぞ衣裳をお持ちでしょう」と、他人《ひと》はいう。そのとおり、好むと好まざるとにかかわらず、一年三百六十五枚とまでは、ゆかなくても衣裳は私の商売道具である。けれど、私の洋服ダンスは昔から一間の押入れひとつでふえもしないし、減りもしない。一着つくれば前の一着をただちに処分するという新陳代謝方法をとっているから、衣裳がタンスのコヤシになることはないし、流行遅れの服を着なくてすむし、虫干しするほど数もない。私の整理は簡単である。「馬子にも衣裳、髪かたち」というが、人間どんなにとっかえひっかえ衣裳ばかり着替えてもそれで美人に見えるわけではない、と私は思う。要は衣服という皮をはいだ中身の整理整頓をすることが先決問題ではないかと思う。まず外見からいくならば〝正しい姿勢と歩き方〟をマスターしなければならないと思う。私の観察するところによると、だいたい日本人百人のうちの一人くらいしか、ちゃんと歩いている人はいない。あとの九十九人の歩き方は、もう絶望的である。日本人の歩き方が、いかに貧相でみっともないかは、西洋人に比べればすぐわかるが、東洋人のなかでも最低で、歩き方と姿勢の悪さにおいては残念ながら〝劣等国民〟であるのを認めざるをえない。私は先日もハワイの街を歩いていて、向こうからひときわチンチクリンのガニマタが歩いてくるな、と思ったら、わが愛する夫・ドッコイその人であったのにはギョッとした。私たち日本人の姿勢の悪さは、もちろん昔からの〝すわる〟という習慣の影響もあるのだろうが、その他にも日本人のなかに潜在する〝劣等感〟そして、足に合わない靴のせいなどの理由も大きいのではないかと思う。ことに歩き方の悪いのは男性で、肩をおとしてヒザを曲げ、上体をゆすりながら、アゴだけつき出して歩く姿は、文化国家もハチの頭もない。チョンマゲにしりはしょりのワラジばき、東海道五十三次ホイサッサのスタイルのほうが、ピッタリくるのではないかと思う。男性に比べれば女性のほうがまだマシというものの、やはり内マタぎみのヒョコヒョコ歩きではミニもマキシもお化粧も台なしで、イモネエチャンといわれても返すことばもない。

「姿勢を正す」とは佐藤さんの名文句だったが、姿勢を正せば、たしかに人の心もシャンとする。たとえば、映画やテレビに出てくる悪役や不良をみても例外なく、くわえタバコで、一方の肩を上げ、グデンとした格好をすることによって精神のユガミを形に現わしている。ある医師の研究によると、不良や犯罪者ほど姿勢が悪いという。それから姿勢に興味をもちはじめ、少年院の子供たちに正しい姿勢と歩き方の指導をしたら、みるみるうちに成績があがり精神の健全さまで取り戻した少年がたくさんいたという。

ファッションモデルじゃあるまいし、いまさら〝歩き方〟の練習なんてバカバカしいと思わずに、まず鏡に向かってまっすぐ歩いてみることだ。そして、自分の歩き方に点数をつけてみる。頭のてっぺんを糸でつりあげられ、おへそに長い棒が通っているつもりでスッスッと歩いてみると、なんとも気分がいいし、第一身体が疲れないことに気がつくだろう。そうなれば、しぜんに立ち居振る舞い、

身のこなしもスマートになる。「衣裳は着るもの、着られてはいけない」という
スッキリとした姿勢こそ、着こなしじょうずになるコツ。

（『瓶の中』より）

カンカン帽子

私は「終戦の日」をロケーション先の館山でむかえたが『アメリカようそろ』という海軍映画では撮影続行もならず、ひとまず引上げの形になった。翌十六日の朝、私は寝不足の顔でモンペをはき、防空ずきんを持って東京行きの汽車に乗った。ギッシリこみあった車内はしらじらと静まりかえって大きな声を出す者もないうちに、汽車は乗りかえの新宿駅に着いた。

立ち上がりがけに、ふとホームへ目をやった私は、そこにヘンなものを見た。カンカン帽子、そう、あの白いムギワラのカンカン帽子である。その男は白ガスリの着流しにへこ帯を結び、カンカン帽子をかぶって、モンペとゲートルのどす黒く汚れた中に一人白く立っていた。真夏の太陽がギラギラとその白を照りかえ

していた。私は今でもその人の気持ちがわからない。ただ何となく、そばへ走って行ってつきとばしてやりたいと思った事だけを覚えている。

それからひと昔もふた昔もすぎた。外側だけ見れば、戦争の跡はどこにも見当たらない日本である。金こそないが、町には流行のスタイル、豊富な食べものがあふれ、人々は娯楽にうみ、刺激を求めトッピなものでさえあれば興味を持つ。いきおい人の意表をつくことばかり考える連中もいる。ゲイ・ボーイ、お化けのようなメーク・アップ、そしてこれでもかと美人のはだか。しかし私にとってはどんな売出し技術の名人も、あの八月十六日のカンカン帽子の印象の強烈さには到底敵ではないと思えるのである。

（『瓶の中』より）

宝石

ちらッと読んだ、ある女性の随筆に、こんなことが書いてありました。

女はオカッパの少女のころから、赤いガラス玉の入った指輪が欲しかった。女工になって、白い作業衣と白布に髪を包んでからも、赤い指輪のその夢を忘れたことがなかった。女は恋愛をした。相手の青年は進歩主義の行動隊の一員だった。二人は結婚し、二人はせっせと働いて、二人はやっと自分達の小さな家を持った。一年たって、女は角の時計屋で指輪を買った。細い金の台に小さな赤い玉の入ったその指輪は、節の高い女の薬指の上でキラキラと赤く光って「自分の指輪」だった。女の胸はこの上もない幸福に酔ったように高鳴った。若い夫はその妻を見つめてこういった。

「そんなものをはめて何になるんだ。僕達にはもっと大事なことがあるはずだ。お前はバカだ」女は泣いた。しかし、指輪を返しにゆく気にはなれなかった。暗い女のガマ口の中で、指輪は一年息をひそめて暮らし、そして、夫と妻は別れた。

かたくなな男心

そして、哀しい女心

どちらも若い一すじの心がさせた物語です。

私はこの物語をなぜか忘れることができません。

（『瓶の中』より）

おじさん

私が、おじさんと呼ぶ人はこの広い世の中にたった一人しかいない。親戚でも何でもない呉服やのおじさんである。おじさんは六十五歳。がっしりとした体と二重まぶたを持ったチャキチャキの江戸ッ子である。江戸ッ子の商人は我が強く成功しないといわれるが、おじさんも気性の激しいガン固もので、相手の見境なくにくまれ口をたたき、気が向かなければ四角にすわって側の反物に手をのばそうともしない。お客はとりつくシマもなく、これも手を束ねて哀れである。おじさんの目が、うっとりと夢みるように輝くのはほんのいっとき、それはひざの反物をゆっくりとたぐってジッと見入るその瞬間である。

その目は決して浮気な目ではない。何十年来、愛するものを一途に見つめて生きてきた自信と誇りに満ちていて美しい。

おじさんの奥さんがなくなった。ヒスイのかんざしと結城の似合う優しいひとだった。おじさんに「ババア」と怒鳴られながらもニコニコとほほえんでいた奥さんは、不意に倒れて、おじさんを男泣きに泣かせた。黒いリボンの写真の前で、お線香の煙にむせながら、おじさんはポロポロこぼれる涙をぬぐいもせず、子供のように声をあげて泣いていた。

あわせのなつかしい秋が来る。おじさんはきょうもまた、一人っきりで四角にすわって店番をしているだろう。

おじさんは「この店は私一代きりですよ、息子はあとをつぐのをいやがるんでね」と、悲しそうな顔をしている。

（『瓶の中』より）

秋

青空が高く高くなって秋、衣がえの季節である。夏じゅうタンスにとじこめてあったアワセの着物を取り出し、部屋いっぱいに張りめぐらせた細ビキに、パッとひろげて一枚一枚とかけ渡す。タモトからハラハラとこぼれるナフタリンの小さな袋が、半分ほども薄くなっていて、タンスの中で身を細めた息苦しさを訴えてくる。

色とりどりの着物の中で一息ついて、女は考えるのである。「今の私に、もうこの柄ははで、この次の着物を作る時は裏地は紅でなく白にしなくてはね」またはこう考える。

「こんな柄はまだまだ地味だわ、ふけてみえてはソンだもの。いっそ染めかえようか」裏地のベニがまばゆいのは、心にかげりの出来たためか、柄の地味さがうっとうしいのはもうこれ以上年を取らぬと決めたからか。

半年ごとに女は着物と自分を見比べては、いつか自分自身のうそのないしあわせの尺度をつもってみているのである。いずれにしても半年前の着物は鏡のように女の心をあるがままにうつしてようしゃもない。

アワセを羽織って、そでを通して、さて、冬に立ち向かってゆく気構えか、または寒さに肩をすくめる心細さか、着物は女をためすようにゆらゆらとゆれて、ナフタリンのにおいを風にのせている。

（『瓶の中』より）

食

偏らない

彼女の趣味は、家事である。と夫に言わせるほどの高峰さん。掃除、洗濯、アイロンがけはもちろん、吟味した材料で、朝食、昼食、酒の肴に晩ごはん、三食すべて料理した。そして大好きな食器に盛り付ける。そのお味といったら……推して知るべし！　ただし、決して作り過ぎない、食べ過ぎない。量も内容もバランスよく、三六五日、一日も休むことなくつづけることが高峰流。

食卓の用意をする高峰さん。かいがいしい妻を何か手伝おうとしている夫の姿が、微笑ましい。

大女優にして主婦の鑑《かがみ》

文・斎藤明美

とにかく美味しかった、高峰の料理は。

ご飯は一回に三合炊いて、残りは冷凍しておくのが常だったが、一度、その残りを私が全部食べてしまって、高峰を驚かせたことがある。松山はお茶碗に軽く一杯、高峰は夕食の時は殆ど米を食べなかったから、つまり私は二合半平らげた勘定になる。いくら私が大食いでも、そして高峰が炊いたご飯がいくら美味しいからといって、飯粒だけをそれほど食べられるわけがない。

要はそれほど、高峰が作ったおかずが美味しかったのだ。

「あんたはこういうものが食べたいんだろ?」

と、大根煮、カボチャ煮、ひじきの煮たの、ホウレンソウのお浸し、ナスの煮びたし……そういう〝お袋の味〟をせっせと作ってくれた。炊き込みご飯や鍋料理もしてくれた。鶏のひき肉を団子状にしたものが入った鶏鍋。中華風鍋ならレタスを煮たり。牡蠣雑炊というのもあった。それからマツタケご飯、タケノコご飯、ニンジンと生姜を細かぁく刻んで炊き込んだご飯、栗ご飯……。カレイの煮たのなど、あんまり美味しいから、高峰が「辛《から》いからよしなさい」と言うのに、私は煮汁をご飯にかけたり、直接飲んだりしていた。

私が「美味い、美味い」とモリモリ食べる様を、高峰は実に嬉しそうに見ていた。

「美味しいか?」

私に投げかけるその笑顔は、まるで菩薩だった。

それでも私が夕飯をご馳走になっていた頃は、作る料理の品数が減り始めた頃で、松山によれば、昔は「これ　できます」と書いたメニューを台所のカウンターに立てていたそうだ。それで松山が「これがいい」と言うと、「はい、はい」と小料理屋の女将のごとく供してくれたとか。高峰がまだ中年の頃には皮も手作りのチビ餃子も出ていたと聞く。

美味さの秘密は出汁《だし》にあった。

夏、松山が冷蔵庫の水差しに入れてあるそれをグイッとばかりに飲んで、「わッ。秀さ〜ん、この麦茶、腐ってる!」と叫んだ、出汁である。

そして特徴は、必ず野菜料理があったこと。

だから非常に健康的な食事だった。

何しろ、会社の健康診断の結果が「要受診」ぐらい悪かった週刊誌記者の私が、松山家で夕飯をご馳走になるようになって、急激に数値が正常に戻ったという事実があるほど。

朝食は九時。119頁にあるお揃いのコーヒーカップでカフェオレ。松山は他にヨーグルトとリンゴ半分。十一時半の昼食は、かき揚げや天かす入りの、あるいは卵とじのうどん。でなければ、チーズトーストにベーコンエッグ。

夕食は最初七時だったが、それが六時、五時半、最後は五時スタートになった。疲れて、早く眠りたかったのだ、高峰は。

そうやって、きちんきちんと決まった時間に身体に良い食事を作り、私を満腹にしてくれて、未熟児で「育たないだろう」と取り上げた医師に言われ〝病気のデパート〟だった松山を今でも健康でいられるようにして、高峰は自分だけ先に逝ってしまった。

最後まで誰にも任せず、自分一人で完全に作り切った。

病院に入った日、高峰が言った言葉は、「台所にカボチャが支度してあるから」

飯茶碗

「かあちゃんは、結婚して、皿や茶碗を一つたりとも割ったことがないんだよ」
（松山善三）

（斎藤明美『高峰秀子の流儀』より）

ご飯の茶碗を見ると、私は母を思い出す。ほっかりとしたご飯のぬくもりが茶碗を通して手のひらに伝わるとき、心の中で「ありがとう、いただきます」とつぶやく自分を感じるのは、私だけではないだろう。

（「飯茶碗」『コットンが好き』より）

上／何度もお代わりをする斎藤さんに、「今日からあんたはこれよ」。以来、このボウルのような小鉢が斎藤さん用のご飯茶碗。口径12.8cm 高さ6cm

右頁・中／伊万里の女性用飯茶碗。「いつどこの骨董屋で買ったか忘れたけど、これは珍しく蓋が付いてたから」と高峰さん。斎藤さんが初めて松山家で夕飯をご馳走になった時、このお茶碗にご飯をよそってくれた。書斎から下りてきた松山氏が「あ、こいつ、うちで一番いい茶碗で食ってる」。口径10.5cm 蓋付きの高さ8cm

蕎麦猪口

文・高峰秀子

私は少女のころから古いものが好きで、休日には古道具屋や骨董屋の店先をのぞいて歩くのがなによりの楽しみだった。といっても、高価な古美術品などには手が届かないので、せいぜい、おこづかいの中から小皿一枚、そばちょこ一個と買い集め、いつの間にか私の家はがらくたの山となった。ときどき、その乱雑さにうんざりして大整理を思いたつのだが、一つ一つになんらかの思い出があり、結局はどれもこれも手放す気になれなくなる。情が移るのは人間や動物ばかりではないらしい。（中略）

日本では昔からそばのたれを入れたものだが、このごろは何に使うのか外人がやたらと買っていくので、いいものが少なくなった。それでもまだ品切れにならないところをみると、そばと日本人のなみなみならぬ密接な関係に驚く。形はだいたい似ているが、大ぶりのものから小ぶりのものまであり、手がきの模様は自由奔放で美しい。いまでこそ、いまできのそばちょこも市販されてはいるが、こういう素朴な味は全くない。
とにかく、丈夫でたっぷりしていて、来客の多いわが家では便利している。
（「新・暮らしのセンス」『ミセス』一九六八年一月号より）

人間と人間に相性があるように、人間と物の間にも相性があり、物と物の間にも相性があることが面白かった。私は、キンキラキンの錦手や金襴手には全く手を出さない。
（「人間鑑定図」『にんげん蚤の市』より）

高峰さん曰く、「もうかなり以前、京都か東京か忘れたけど、骨董屋さんで買ったの。蕎麦猪口は一つ一つ違っていたほうが楽しいから、呉須の模様が違うのを五つ選んで買いました」。伊万里焼。口径7.8cm　高さ6cm

豆皿

なにしろ、ままごとに使うようなチビ皿だから、毎日使って便利調法というわけにはいかないけれど、お汁粉の口なおしに山椒の実を三、四粒のせてみたり、お酒の肴に塩ウニをひとつまみ盛ってみたり、と、老いたるままごと遊びを楽しんでいる。

（「手塩皿」『コットンが好き』より）

三十数年前に骨董市で
求めた伊万里の豆皿。
5枚組み。径9cm

コーヒーカップ

朝のひとときは、夫婦にとっていちばん大事な時間である。その日の用事、その日の仕事、その日の楽しみと、その日一日のプランを夫婦ふたりっきりで決めるには、この朝の時間しかない。

（「モーニングカップ」『いいもの見つけた』より）

毎朝、夫妻がカフェオレを飲んだコーヒーカップ。高峰さんは夕食が終わると、必ず、このコーヒーカップとコーヒーメーカーを台所に用意して、翌朝に備えた。アラビア社の製品。カップ／口径8cm　高さ9cm　ソーサー／径14.5cm　ちなみに新婚時代は大倉陶園製を使っていたという。

漆のうつわ

文・高峰秀子

真夏の暑さを過ぎると、冷たい食べものや飲みものには魅力を感じなくなる。アイスクリームよりは、熱い番茶が恋しくなり、冷やヤッコよりは湯豆腐がなつかしくなる。

このごろの食料品にはほとんど季節感がなくなった。スーパーマーケットには一年中、例によって例のごとしといった品物が並んでいる。これが「近代」というものならばいたしかたなく、大根一本にしても料理のしかたプラス器にたよって季節を盛るよりテがない。私は料理を食べるのは好きだが、料理を作るのは下手だから、同じ大根オロシでも夏はすき通るガラスの鉢に盛ったり、秋には根来《ねごろ》の小皿に盛ったりして目先をゴマカしている。

根来といえば、わが家の食器棚には漆器が多い。私は染めつけの食器が好きなので、どうしても食卓の色どりがさびしくなる。その雰囲気を和らげるのが木製品、つまり漆器の役目だと思う。たとえば木製の椀は熱を通さず、割れもせず、手ざわりもよく、いいとこだらけなので、お正月の雑煮椀などは一年中出しっ放しにしておいて、野菜の煮つけを盛ったり、スキヤキの取り皿に使ったり、と愛用している。春慶の丸盆には揚げものが似合うし、徳利のハカマには珍味を入れ、会津塗りの菓子鉢にはグリーンサラダを、というように漆器の用途はじつに広い。私の好みからいうと、陶器も漆器も昔の古いものに魅力があるが、ことに漆器は古いほど色も艶も落ち着いているし、肌も枯れ切っていて使いやすく思う。

新しい漆器は漆の匂いが強くてとても使用できないが、お米ビツの中に入れておくとふしぎに匂いがとれるようである。

（「漆器」『いいもの見つけた』より）

お椀

夫妻が木婚式（5年）を迎えた時、京都の老舗漆芸店「柳菴初瀬川」で朱塗りの菓子盆を50客ほど誂えて知人に配った。その際に、このお椀も2客誂えたという。江戸時代からの〝片身替り〟のデザイン。口径11.5cm　蓋付きの高さ9.5cm　松山家にある朱の漆器はすべて「柳菴初瀬川」作。

片口

冷たい感じの磁器の食器の中に朱色のお椀が入ると、食卓はほんのりと色気が加わって楽しいものになる。

（「うちのお正月」『瓶の中』より）

松山家の食卓で最も活躍しているであろう漆の片口。20数年前に日本橋の漆専門店で求めたものだという。高峰さん曰く「お浸しや煮物、汁ものを入れるのに便利」。そのお汁がまたとびきり美味しくて、斎藤さんは一滴残さず飲み干してしまい、夫妻に呆れられていた。口径10cm

ワイングラス

文・高峰秀子

デパートや専門店で「ワイングラス」がたいへん売れるそうで、「数年前まではワイングラスなんてまったく人気がなかったモノですがねえ」と店員がビックリした顔をしていた。

ということは、日本人がそれだけブドー酒にくわしくなったことなのか、それとも私たち日本人の食生活がいよいよ西欧化されてきて、ブドー酒つきの食事をカッコよく楽しむようになったということなのか、いずれにしてもゼイタクになったことだ、とつくづく思う。なぜなら、日本製のブドー酒は量も種類も少ないし、輸入ものはなかなかに高価である。フランスのように酒屋のはかり売りでビール瓶一本分が二〇〇円、三〇〇円などというブドー酒はないし、第一クッキングワイン（アメリカで一本二〇〇円ほど）もロクに売っていない。一個何千円もする上等なワイングラスで、人々はいったいどんなブドー酒を飲んでいるのかしら、とうらやましいと同時にふしぎに思う。

日本でブドー酒というとなんとなく立派なワイングラスと高級フランス料理、というイメージがある。したがってブドー酒はオツにスマした高級酒という先入観念がある。そうしたところから出発して、いまようやく日本人大衆のお酒としてブドー酒が普及してきたとすれば、まったく話はサカサマでこっけいな気がする。

のべ十年ほどをフランスで過ごした画家の梅原龍三郎先生のお話によると、「ブドー酒は、雨が少なくて暑い年のものがすこぶる美味なようだ」とか、「いくら高価でも古いばかりが能でなく、ある年月を越えるとブドー酒は屁《へ》になっちゃう」とか、「同じブドー酒でもレストランによって値段が違うし、ワインリストも違う」などと、ブドー酒についての知識もしょせんこちとらペエペエとは次元がちがう。ワイングラスにしても、「ボージョレーはスンナリとなで肩のグラスを用い、ブルゴーニュの場合は浅くて丸い型のグラスで」なのだそうで、バカの一つおぼえみたいに「肉には赤を、魚には白を」などとホザいている自分がまったく恥ずかしくなってくる。ものを知らないというほど弱くて、強いことはない。

私もワイングラスを幾つか持っているけれど、六個そろいのチェコのよそゆき

ワイングラス

高峰さんは普段は夕食に水割りを、松山氏はギネスビールをたしなんだが、高峰さんにとって大切な日、たとえば結婚記念日などには、このグラスにワインを注いで夫妻で楽しんだという。斎藤さんは下戸なので仲間はずれ。

水差し

本来は「水差し」なのだが、そんな決まり事にとらわれない高峰さんは大好きな花を室内に飾るとき、特に気に入っているこの2つを多用していた。

は、戦争直後に買ったものである。ゾウスイやウドンが大ごちそうの当時のことだから、もちろんブドー酒なんていう高級酒は夢のような話で、もっぱらグラスそのものの美しさにひかれて買ってしまい、ぼんやりと眺めるばかりの観賞用であった。

昭和二十五年に半年ほどパリにいたとき、私はすっかりブドー酒のファンになってしまった。

梅原先生とはちがうから、私の飲むのはいつも二流、三流のレストランの、フラスコにはいったはかり売りのブドー酒だったけれど、食事のたびにガブ飲みするには格好にサラリとしていて、「フランス人は水の代わりにブドー酒を飲む」とは、話に聞いてはいたがこのことか、と納得がいった。

フランスから帰って、東京の骨董屋でみつけた十九世紀のアメリカのワイングラスは、濃いグリーンの厚手のガラスにブドーの模様が浮き出して、美しいけれど色が濃すぎるためかかんじんのブドー酒がおいしくないのでいつの間にか一輪ざしになってしまった。

ごく薄手の中型グラスは来客用で、首が長くアッサリとしたのはブドー酒好きの夫の専用で、どこかで半端ものを一個買ってきたクリスタルである。私は貧乏性なのか、首の長い、いわゆる上等のワイングラスはどうも不安定で落ち着かないので、家では、オンザロック用のドテンとしたコップにキャンティやオリヴィエットなどをなみなみと注ぐ居酒屋スタイルが気に入っている。

（「ワイングラス」『いいもの見つけた』より）

真剣な面持ちで、ひとつひとつ、丁寧にグラスを磨く高峰さん。

箸

文・高峰秀子

うちの亭王は「モノ書き」のはしくれである。明けても暮れても机にへばりついてモノを書いているから、中指のペンダコが削っても削っても生えて（?）きて、箸を持ってもタコが悲鳴を上げて痛がるらしい。長年愛用していた象牙《ぞうげ》の箸も、「重い!」という一言でお払い箱になった。それでも頑固一徹の亭主は、ワードプロセッサーなどという文明の利器には目も

白髪に老眼鏡のわが家の内裏《だいり》様は、一位の「笏」ならぬ二本の箸で好物の小アジの酢のものなどをつつくことに懸命で、昨日の夫婦喧嘩のことなんざ、ケロリとお忘れの様子である。女房って、くたびれるねェ。

（「一位の箸」『コットンが好き』より）

くれず、今後も万年筆や鉛筆と格闘をしつづける様子だから、女房としては、タコのおかげで食べさせていただいている、というゆきがかり上、象牙の箸に代わる、軽くて按配のいい箸ヤーイ！　と、あちこちを探しまわるハメになった。

　やっとめぐり会ったお箸さまは、生れは飛騨《ひだ》の高山の一位《いちい》の木で出来た箸で、色ほんのりと美しく、軽さも羽毛の如く、歯ざわりの柔らかさはバツグンである。一位の木とはどんな木だべ？　と、ご存知ない方にはは

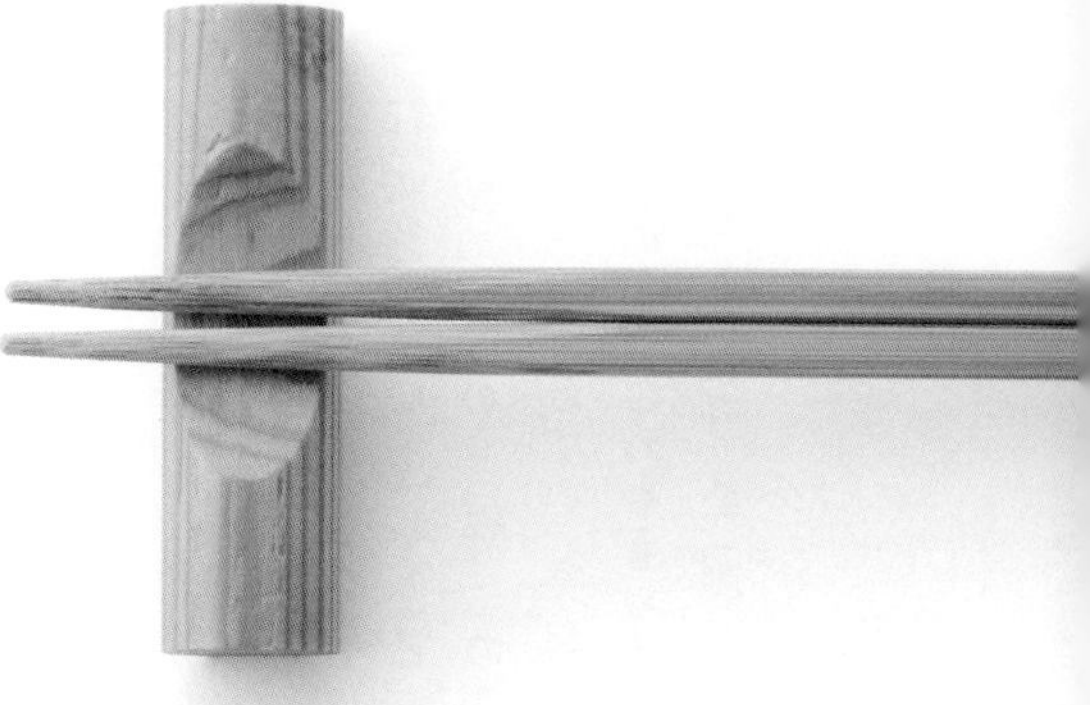

箸は京都「市原平兵衛商店」製を40年来愛用。こちらは竹製。箸置は箸に合わせて、京都の工芸店で求めたとか。高峰さんによると、最初は象牙の箸を使っていたが、もの書きの松山氏の手が疲れるので一位の箸に替えた。しかし柔らかいのですぐに傷み、何度も取り替えなくてはならなかった。「この箸は竹だから丈夫で軽くて、しかも安い。細さもちょうど良くて、とても気に入ってます」。箸／長さ22.5cm　箸置／長さ5.5cm

「やんごとなき御方が束帯のときに右手に持つ一尺ほどのヘラのようなもの（笏《しゃく》と呼ぶ）は、一位の木で作られる」といえば納得がいくだろう。
京都は四条河原町の近くに、「市原」という箸屋さんがあって、私はときおりこの店を訪れては件《くだん》の箸をドカン！　とまとめて仕入れることにしている。わが家の在庫も目下手薄になったので、ちょいとタクシーを停めて「市原」に寄ってみた。（中略）
今日は、「茶筅《ちゃせん》からヒントを得て作ってみました」という、おろし金《がね》にこびりついたワサビやトロロイモをひっかき落すための、小さなササラのようなものがあって、とっても便利そうなので、これは断然「買い！」である。それともうひとつ、目新しいものでは「竹製の盛りつけ箸」もよかった。この箸にもちょっとした工夫があって、上の太い方が斜めにサッと削られていて、料理をチョコッとどけたり寄せたりするのに具合がよさそうなので、これももちろん、「買い……」。
（「ご馳走様、京都ふたり旅」『旅は道づれ　雪月花』より）

簡単だからこそ、いっしょうけんめいに作らなければならないのだ、というのが私の料理哲学である。

（「ホノルルの静かでない生活」『にんげん蚤の市』より）

お手製のサラダをよそう。
自家製ドレッシングが、
また格別に美味しい。

徳利と盃

文・高峰秀子

似たもの夫婦というが、私たち夫婦の性格は全く似ていない。清潔で誠実で、気前がよくて男前で、つまり私と正反対の男がいないものかとキョロキョロしたら、やや類似品があったので今の夫と結婚した。案の定、私とは似ても似つかぬ性格なので、歯ごたえがありすぎて、頭にくることばかりである。以来、ことごとくはち合わせをしながら、なんとなく、でもないけれど、なんとなくみたいな顔をして十五年余もいられたのは、酒という潤滑油のせいではないか、とこのごろ思う。色も香も、年、一年と失せるばかり。あとは老女になるよりテがないからには「日が暮れるとは、酒がのめることとみつけたり」の心境である。

酒は好きだが酔っぱらいは大キライで、酒にのまれるような人間はまことに国辱だと思う。外国を旅行してみるとわかるが、文化の低い国ほど町に酔っぱらいが多く、酔っぱらいが大声出したりゲロを吐いたりしてる国なんてのは全く文化

話があるからお酒がうまいのか、お酒があるから話が出るのか知らないが、とにかく深夜の酒盛りは生活を楽しくする。

（「夜中の一パイ」『瓶の中』より）

徳利は「40年ぐらい前、京都の法然院でご馳走になった時、私たちがとても気に入ったという話をしていたら、ご住職さんが下さったの」と高峰さん。盃は夫妻の知人、貴和皓山作の逸品。徳利／高さ11cm　盃／口径7cm

国家、などといえたギリではないそうで、その点酔っぱらい天国の日本国民としては少々耳の痛い話である。「酒は酔うためのもの」というせちがらさから早くぬけ出して「酒は楽しむもの」というのみ方をしたいものだ、と酒歴十六年の酒のみ女房は、日夜、実験中である。

冬ともなると、なべ物に日本酒というのもオツである。わが家ではいろいろな杯を一個ずつ小盆にのせて、来客に好きな杯を使ってもらう。

酒好きの大デブ男が、意外と小さな猪口を喜んだりやせの大食いがいちばん大きなぐいのみをかかえ込んだり、で、それがまた酒の話題になったりして楽しいものである。

(「杯」『瓶の中』より)

談笑しながら夫妻で食事。いったい、何千回何万回、この幸せな光景が、松山家の食卓で繰り広げられてきたことだろう。

「うちのかアちゃんのキンピラで一杯やるか」なんていうセリフを亭主に言わせてみるのも、女房としては決して悪い気持ちはしないものである。

(「キンピラゴボウ」『コットンが好き』より)

猪口

この盃部隊は、夫の疲れをいやしてくれるいとも愛すべき親衛隊である。
(「盃」『コットンが好き』より)

微妙な釉の色味が、あじわい深いぐいのみ。口径6cm　高さ4.2cm

濃淡のある染付で、ナズナの絵がおおらかに描かれた中国の盃。口径7cm　高さ4.3cm

お酒をたしなむ松山氏は、お猪口好きでもある。旅先で買った骨董の盃なども含めて、今でも20個くらいはある。高峰さんによると「晩酌のたびに「今日は、どれにしようかな」と、松山は選ぶのを楽しんでます」。今回は、松山氏がとくにお気に入りのなかから、4点の盃を選んでいただいた。

僕は手酌が好きだ。徳利の重さをはかりながら、ぐいぐいとピッチをあげる。ぬるい酒、冷酒は好まない。

（松山善三）

（「ご馳走様、京都ふたり旅」『旅は道づれ　雪月花』より）

白い生地の見込に、色絵や金彩をほどこした丸紋が二つ。小ぶりで美しい盃。口径5cm　高さ2.8cm

踊る唐子の絵が、愛嬌があってかわいい伊万里の盃。口径5.8cm　高さ4.5cm

整理整頓芸のうち　食

私は食いしん坊だから、うまいものさえ食べていればキゲンがいい。仕事柄《がら》、外食が多いから、家で食事をすることはめったにないが、食器だけは自分の好みのものを使って食事を楽しみたいと思っている。といっても、料理屋ではないから、やたらと食器を集めるわけにはいかないので、せめて「器」の使い方を自由に考えることで変化をつけたいと、あれこれ、ない知恵をしぼっている。

たとえば、灰皿を灰皿と決めてしまわずに他の用途を考えてみる。わが家では古い盃洗がおしぼり入れになったり、抹茶茶碗がおこうこ碗になったり、ドンブリが花器に化けたり花器がサラダボールになったりと忙しい。食器は昔から集まったガラクタがいいかげんあるのに、それでも道具屋をのぞくと、つい皿一枚、ハチひとつと買いこんでしまい、台所の戸ダナの整理がつかなくて困っている。

こんなに食器がふえるのは、このごろの食べものがまずくなったからではないか、と私は考えだした。まずい料理をおおげさな食器でゴマ化すのは料理屋だけのすることではない。酒も醬油もカマボコもベトベトにあまくなり、ほとんどの食品は防腐剤入りで味が悪い。野菜やクダモノも、見かけはリッパでも風味にとぼしく、豆腐はカルキ入りの水のおかげで味気ない。

もともと、東京には料理というほどの料理もなく、地方の人間が集まってきてつくり出した田舎料理しかない。いまでも、田舎へ行くと、塩づけのおこうこに白砂糖がヤマほどかかってお茶うけに出たりする。やたらと甘ければご馳走、という貪《ママ》しい感覚のそれである。だから、料理を楽しむほうは、いつのまにかジワジワと東京に進出してきた関西料理にのっとられた感じである。

それにしても、日本国にいながら肝心の日本料理は目の玉がひっくりかえるように高価で、日本人でありながら、オチオチ寿《す》しもつまめないとは不幸なことである。

その国の文化を知るには、その国の食べものを食べてみることがいちばんだというけれど、ティピカル・ジャパニーズ・ディッシュが、お茶づけやおでんくらいに代表されるとは情けないことになった。東京にはさすがに世界じゅうの料理が集まり、せまい路地まで食べもの屋がビッシリとひしめきあい、でっぱったりつぶれたりしながら、私たちの食欲をそそっている。日本人でありながら日本料理らしい料理には、サイフの中身の点で折りあいがつかず、天丼やヤキトリくらいでお茶をにごして、しかたなく他の国の食べものでおなかをふくらませているとは妙なことである。

「片手でラーメンをすすりながら仕事に精を出す。なんと日本人は勤勉であることよ」と外国人は感心するが、私は、たいていの日本人が味に無頓着なせい、つまり舌がこえていないからではないかと思う。うまいと評判される食堂には、いかにも食いしん坊らしい顔をしたお客がいるもので、いいかげんな食堂には、ちゃんと味覚オンチ然としたお客が座っているものである。

私は商売柄、よく人を食事に招くが、たいていの人はメニューを渡されても見ようともせず「なんでもけっこうです」「ボクも同じでいいです」と、たよりない声を出す。

遠慮をするというよりテンデ食べものに興味も情熱もない人間が、この世にはおおぜいいるのである。どうせ社の費用で食事することになれているから、高い安いの区別もつかず「ボクもメロンでいいや」なんて無造作にいうけれど、さてテーブルに出てきてもスプーンもつけない、では、ご馳走するほうは、まったく拍子ぬけがしてしまう。

私の観察によれば「なんでもどうでもいい」人は仕事のほうもどうでもいいらしく、すべてのことに情熱が薄いらしい。私は「食通」なんてことばはキライだし、信用もしていないが、もっと誰もが食いしん坊になって、うまい、まずい、をハッキリというようになってくれたら、そこらに売っているチクワ一本、干物一枚でも、いまよりはおいしくなってゆくのではないかと思う。うまい食べものを作るのはコックでも板前でもなく、それを食べる私たちの舌である。

(『瓶の中』より)

食いしん坊夫婦ろん

私たち夫婦はまるで性格が違う。夫は誠実で親切で、仕事好きだが、妻は要領つかいでチャランポランで怠けものである。いま流行の性格の相違とやらの見本のようなもので、そんな夫婦がなぜ離婚もせずにいるのかといえば、理由は簡単、ただ一つ、「二人とも食いしん坊」だからである。

オソマツな理由だが、夫婦なんて、苦しまぎれに何らかの妥協をみつけるために生きているみたいなものだから「食いしん坊」もまた立派な理由なのである。しかし、お互いに違うおなかから生まれ、違う環境に育ったのだから、結婚当時はなにかとまどうこともあった。新婚の夫は開口一番こう言ったのである。

「僕はですね、夫として妻のあなたに一つだけ頼みがある。それは一生タクアンを食ってくれるなということなんだ」

私「えッ？　あんたはそんなにタクアンがキライなの？」

夫「キライ！　クサイ！　あんなものを美人が食うなんてキモチが悪い」

私は、美人という殺し文句に、釣針にアゴをひっかけられた魚のごとくデレンとなり、一生、大好きなタクアンと訣別しようと決心した。

夫はひどい偏食であり、嫌いなものより好きなものだけ聞く方が早いほど、あれもイヤ、これもキモチ悪いのだそうで、夫に言わせると、こうなったのはすべ

台所で、茄で上がった麺に汁をよそう40代の高峰さん。晩年も、昼食のメニューはうどんなどの麺類、チーズトーストやベーコンエッグが多かった。

て「僕、おばあちゃん子だったから」だそうで、なんでもおばあちゃんのせいにするのである。ダイコンはオロシはいいけど煮たのはクサイ。コンニャクはイヤ。サトイモはヌルッとしてる。おこうこは一切ダメで、カボチャは死んでも食わない。大体カレーライスに福神漬がついてるなんて、どこのバカが考えたんだ、などと真剣な顔をして怒るのである。「なんてまあ、わがままな」と言えば「だってばあちゃんが」と居直るのである。

こっちもなんとか居直ってやりたいが、私は貧乏性のせいか、キライなものが一つもない。が、私は私の好みの味を持っているから、彼の好みのものを私風の味つけで、しゃにむに食膳に載せるより仕方がない。

彼は日一日と本性を現わしはじめ、味噌汁が甘いの、さしみの鮮度がどうの、と文句を言いはじめ、どうしてもおふくろの味のカレーライスを作れと言う。やっと出来た粉だくさんの赤ん坊のウンチみたいなカレーに、彼は唇をとがらせて白眼をムイた。

結婚後、半年もたったある日、「今日はおふくろの料理を食ってくる」と、いそいそと出て行ったと思ったら、首をかしげかしげ帰って来た。久し振りのおふくろの味が期待に反した、というより、彼はもはや女房の味に馴れてしまったのだろうか。なんとなく呆然としている彼を、私は哀れに思い、そのくせ女房としては一点勝ったような気もした。

しかし、汽車弁に奈良漬の一切れも入っていようものなら、箱ごと放り投げるような癇性な夫を飼育するのは並大抵なことではない。私たちがみるみる食いし

近所の八百屋さんで、真剣に野菜を選ぶ妻と、なにやら大笑いをしている夫。高峰さんはきゅうり一本でも手にとって、自分の目で新鮮さを確かめた。そして予定外の物は決して買わなかった。

ん坊となり、食魔と化したのは、食う方と食わせる方の闘いが、こうじたせいだろう。私のおでこのシワの五、六本はたしかにこの闘いによって生じたもの、と私は信じている。

私の知人にこんな夫婦がいた。女房はトーストにスープ、夫は味噌汁にご飯、毎朝、両方がガンコにそれを押し通し続けたことがもとで、とうとう離婚してしまったのである。食いもののウラミはこわいというが、夫婦喧嘩の理由なんて、ささいなことから始まるもので、たかが食いもののこと、などとあなどっては断然いけないのである。台所の主人は主婦である。家の食事が不満なら夫は外食するのが当然で、わざわざ帰ってこないようにする女房の方が怠慢なのだ、と私は思う。

近頃はバーやキャバレーで、オカラやコンニャクの煮つけが幅をきかす妙なご時勢である。なぜこんな珍現象が起きるのか？　家庭の女房がややこしいフランス料理のソースの研究にうつつをぬかしている間に、外敵は先手を打って、夫の郷愁につけこむことを考えているのだろう。

主婦たるものはおおいに反省しなければならない。せんべいなどかじりながらテレビを見ているヒマなんか、あるはずないのである。しかし、こうなったのはそもそも日本がヘンに豊かになったからで、雑誌やテレビなどがやたらと料理の作り方などを宣伝し、色ばっかりショ

ンガイナみたいなインスタント食品が氾濫したせいで、それをまた人の好い主婦たちが、わざわざ追いかけるから、混乱は混乱を呼んで家庭騒動にまで発展するのである。

私のような人の悪い人間は、疑うことはするが、信用はしないから、失敗もな

い代わりに進歩もしない。どちらがよいか知らないが、誰だってうまいものを食べたいからウロウロするので、人間なんてずいぶん他愛のないアサハカなものだと思う。

つまり私たち夫婦は、さしずめアサハカさのサンプルということになるだろうか。

食魔と化して同士討ち寸前の私たちは、まつたけを追って京都へ飛び、中国のカニを求めてホンコンへ飛ぶ、と、とどまるところを知らない。うまいものを得るにはそれ相当のおアシもいるので、夫はせっせせっせとみっともないほど働いては食って、食って食いまくり、妻は妻で、腰のまわりに根強くしがみついた脂肪をもてあましながら、今日もまた八百屋や魚屋の店頭をうろついて、内助の功に忙しい。

(『瓶の中』より)

コラム

高峰秀子の筆跡 3

買い物メモ

文・斎藤明美

今、何が辛《つら》いと言って、高峰の肉筆を見るほど、辛いことはない。

この二十数年、どれほど高峰の肉筆を目にしてきたことか。

執筆原稿は、肉筆であっても、編集者として受け取っていた私には、紛れもなく高峰の作品であり商品だった。しかし、私個人に宛てて書いてくれたファクシミリや手紙や伝言のメモは、たとえどんなに些細な内容であっても、それらは全て、まるまる〝高峰の気持ち〟そのものなのだ。

「斎藤様」「明美様」「明美クン」「明美ネコ」「明美」と、高峰が書く宛名が変わっていく様子は、そのまま高峰と私の関係の変遷を表している。

懐かしい、胸が詰まるような、高峰の〝肉声〟に等しい。

書くのが速かった。細字のサインペンでサラサラと書くのが常だった。

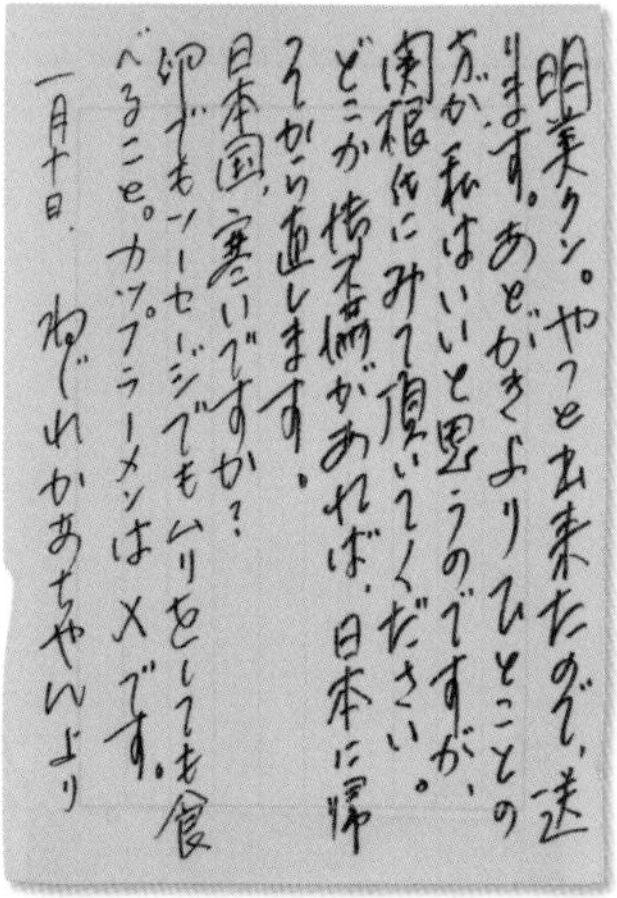

明美クン。やっと出来たので、送
ります。あとがきよりひとことの
方が私はいいと思うのですが、
関根仁にみて頂いてください。
どこか修不備があれば、日本に帰
ってから直します。
日本国、寒いですか？
卵でもソーセージでもムリをしても食
べること。カップラーメンは×です。
一月十日、 ねじれかあちゃんより

上／斎藤さんの処女作『高峰秀子の捨てられない荷物』(2001年）のために、高峰さんは「ひとこと」を執筆してくれた。その原稿とともにハワイから送られてきた一筆。「カップラーメンは×です」、親心を感じる一文。

下／ここ数年、松山家の日々の買い物は、斎藤さんの仕事。高峰さんが必要なものをメモ書きにして、斎藤さんに渡した。毎日のことだから、かごに一山、高峰メモがたまった。

メモには鉛筆を使っていた。

だから買い物メモは全て鉛筆書きだ。

外出しなくなった高峰に代わって、私が、時には松山と私が、近くの商店街やスーパーに買い物に出かけるようになった。

本当は全部集めていれば、もっとたくさん、山のような買い物メモがあったはずだ。

だが高峰が老いるに従って、それらを「残しておこう」と思う自分の気持ちそのものがイヤだった。これからいくらでも書くんだ、かあちゃんはこれからだって山のようにメモを書いてくれるんだ、そう思って、最初は捨てていた。

それが、ある時から捨てないようになった。

自分でもなぜそうしたのか、わからない。

まだ本書の企画など影さえなかった時だ。

だが数年後、企画が持ち上がった時、担当編集者と私は同時に、「使おう」と口にした。

「かあちゃんが書いてくれる買い物のメモ。今度のとんぼの本に載せてもい

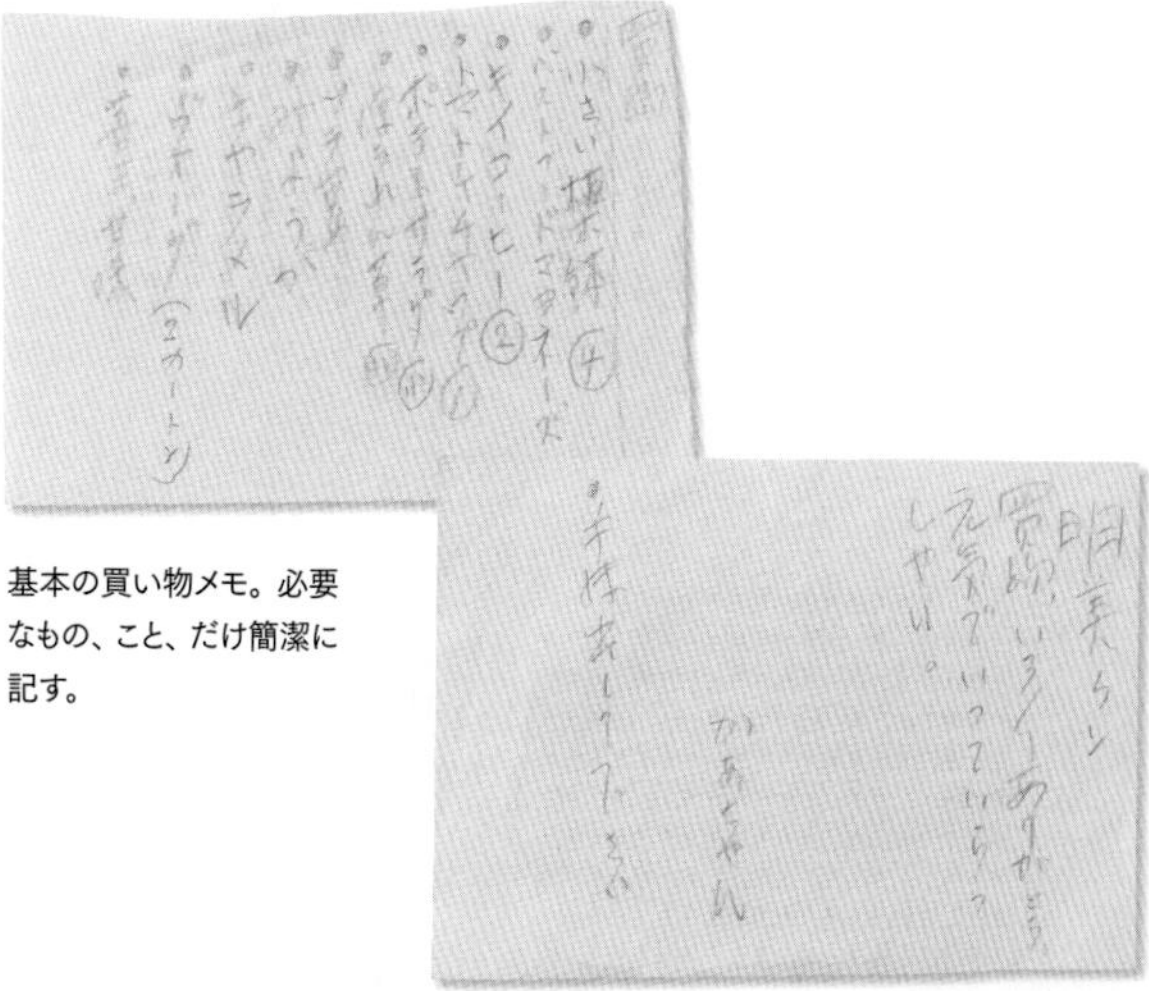

基本の買い物メモ。必要なもの、こと、だけ簡潔に記す。

い？」

私が聞くと、高峰は、

「いいよ」

すぐに快諾してくれた。

そして私がそう言った翌日から、心なしか高峰がメモを丁寧に書くようになった。

それが可笑しかった。

その可笑しかったことだけが、今の私には、救いである。

旅の手帖

文・斎藤明美

「このあいだ、私が旅にいく時につけてた手帖を読んでたら、面白かったよ」

数年前、夕食を食べ終わって三人で雑談している時、高峰が言った。

「面白いよ、ほんとに」松山も言った。

「何、それ？」

私は初耳だった。

「納戸にあるから、持ってきてごら

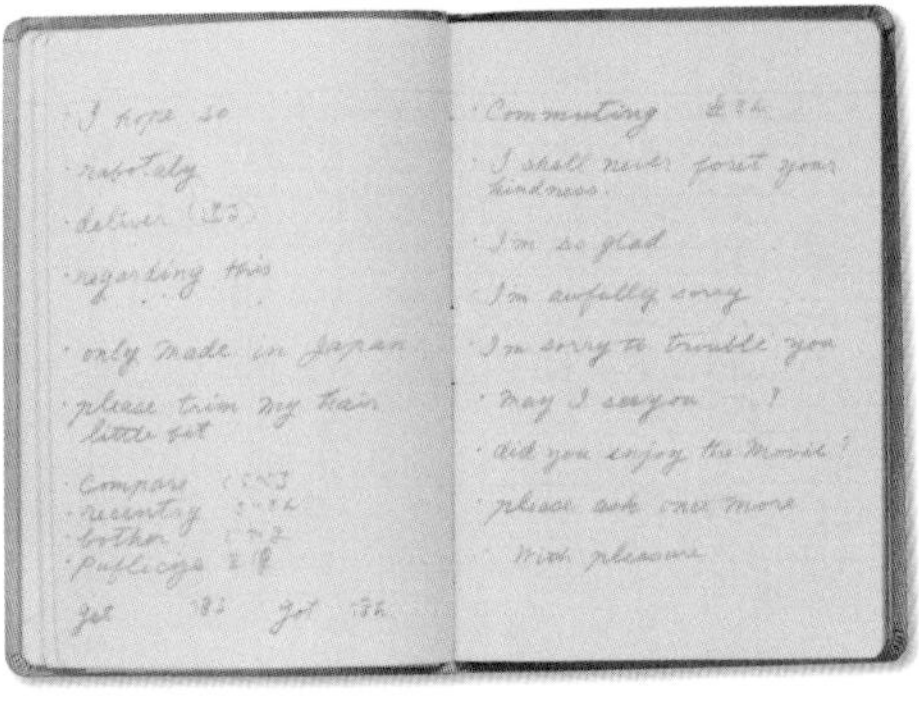

初期の手帖には、出かける前に覚え書きをしたのであろう、海外でよく使う英語の言い回しを記したページがあった。英語も独学で身につけてきた高峰さんの努力の跡だ。

仕事やプライベートで旅することが多かった高峰さんは、「昭和33年1月ニューヨーク見本市」から「平成14年7月16日→9月8日　ホノルル、ノースウエスト」まで、58冊もの旅の手帖を遺した。おもに鉛筆で縦書きに、その日食べたもの、買ったものなどを記録するスタイル。

ん」

高峰に言われて、台所の向かいにある三畳ほどの小部屋に私は入った。

「どれ〜？」

中から大声で聞くと、

「ホラ、棚の一番下。あるでしょ？　手帖がいっぱい」

食卓から高峰が応えた。

あった。すごい数だ。ここは書庫兼酒蔵兼予備の日用品置き場なので、毎日のように私は出入りしていたが、必要以外の物を勝手に触ったり見たりするのはイヤだったから、これがそんな手帖だとは知らなかった。

試しに二、三冊抜き出して、食卓に持ってきた。

「読んでごらん」

高峰がニコニコしながら言った。

「へぇ〜、香港かぁ」

私は、二人が香港へ旅した時の手帖を声に出して読み始めた。

「かあちゃん、昼は何食べた、あれが美味しかったって、食べることばっかり書いてあるじゃない」

読みながら、三人で笑った。「あッ。善三がオネショしたって書いてある」

私はいいものを見つけたとばかり大喜びでアメリカ編の一部を音読した。

「ヤだなぁ」

松山が顔をしかめた。

新婚時代、初めて海外に行った松山は緊張のあまり、ホテルのベッドでお漏らししてしまったのだ。

高峰から聞いてはいたが、手帖に書いてあるとは知らなかった。

その時、高峰がメイドさんに気付かれないように、洗面所でシーツを洗い、ずっと点けていた枕元のスタンドの電球を外して、その熱で根気よく乾かしたことも書かれていた。

だが、最後に近いハワイ編の手帖に、私のことが出てくるのをこの時の私は知らない。いずれにせよ、食いしん坊夫婦の幸せと高峰の温かさに満ちた手帖群である。

住

背伸びしない

「人はその時の身丈に合った生活をするのが一番」。高峰さんはその言葉どおり、女優を引退すると、自宅を壊し、小さく〝新築〟した。広い家もプールもいらない。小さくていいから、亀の子束子《だわし》ひとつでも自分の気に入った物ばかり置いた家にする――「私、家で大根おろし作ってるほうが好きな女だから」（『高峰秀子との二十年』）。この家には、高峰さんの心の底から望んだ幸せが詰まっている。

1990年に自宅を〝縮小〟する以前、3階建ての教会建築だった頃のリビングにて。壁には敬愛する梅原龍三郎画伯の絵が掛かり、飾り棚上には梅原の愛用したパレットが飾られている。

高峰秀子の理想の家

文・斎藤明美

十歳で半ば強制的に同居させられた歌手の東海林太郎宅を入れれば、二十八歳までに高峰は、実に十三回の引っ越しを繰り返している。

そして十四度目に住んだのが、現在の麻布の地だ。

映画五本分のギャラ、昭和二十七年当時の五百五十万円を前借りして、それを現ナマで風呂敷に包んでポンと渡し、英国人から邸宅を購入したのが、同地の最初の家だった。

「ガバガバの古い洋館」だったその家を八年余りで壊して三階建ての教会建築にした。

その家には、住み込みのお手伝いさんと運転手さん用の別所帯が備えられ、応接間が三つあったという。

意匠を凝らして高峰の考えのもとに造ったとはいえ、それは本人に言わせれば「仕事をする上で必要だったから」で、例えば撮影や取材の人間が来ると、応接間一つではまるで患者が順番を待っている病院の待合室のようになるので、応接間を三つにして、そこを高峰が次々に回るという形をとったのである。

その意味では、高峰秀子が芯から好きで建てたのは、現在の自宅だけだ。

もちろん私が知っているのもこの家だけ。高峰は「三間だけの小さな家」と言っていたが、実際は一室が三十畳ほどある結構広い家で、平成二年に完成した。

「老夫婦二人の終の住処」を建てるために、まだびくともしていなかった教会建築の豪邸を壊したのだ。

買う時も壊す時も、高峰は躊躇しない。

繊細だが、豪胆な人だった。長い流転と七十年近い歳月の果てに、完成した理想の家。客を招《よ》ばない、誰も入れない、夫婦だけの家だった。

建てるに際して、高峰は、家具や長年集めた書画骨董、何百セットという食器、衣類、そして人間関係……、あらゆるものを捨てたのである。衣・食・住。人が生きる上でなくてはならない三要素を、遂に自身の思うままに、願う通りに、完璧に仕上げた。

そのエネルギーたるや、想像を絶する。そうまでして、高峰が手に入れたかったもの――。

それは、自分らしさ、である。

何ものにも縛られない、自由な自分。

私はそれを我がものにした後の高峰しか知らない。

「うらうらとした陽ざしの中でノンビリと日向ぼっこをしていた私の眼の前に、とつぜんモーターボートでも飛びこんできたような案配である」

拙著『高峰秀子の捨てられない荷物』のあとがきで、高峰は私を「モーターボート」と表した。

申し訳ないと思う。

高峰の静けさを破ったことが申し訳ない。

離れとはいえ、高峰が建てた理想の家の一部に私などが寝起きすることも申し訳ない。

だが、この家には、今も厳然として〝高峰秀子〟が生きている。

私は自分の命が続く限り、この家を、そして松山を、高峰が愛した通り、誰も入れず誰も招ばず、寸分たがわず、守っていくつもりである。

銀盆セット

文・高峰秀子

過去四十余年間、私が公私共に残した記録は「無遅刻、無欠勤」だけである。といっても、無遅刻は忠実なる目ざまし時計のおかげ、無欠勤は生まれつき丈夫な身体のおかげときては特に自慢のほどもない。

人に起こされることの嫌いな私は、常時二個の目ざまし時計のお世話になって目をさます。寝室に三個、書斎に二個と、わが家にはおびただしい数の時計があるが、彼らは私の親衛隊ともいうべき宝である。最近のように世の中がますます忙しくなるにつれ、私の生活もまた「秒よみテンポ」で追いまくられ、親衛隊とはますます親密な間柄になった。

泊まりがけの旅行から帰ると、家中の時計が、おもいおもいの場所に針をとめて休養している。あっちへ走り、こっちへ走りして、蚤とりまなこよろしく時計の針を動かしているサマは、他人からみればこっけいだろうが私にとっては大切な作業のひとつである。

人を待たせることが出来ないタチの私は、約束五分前主義で通してきたが、このごろはお年のせいか十分、十五分前に約束の場所へ到着しなければ気がすまなくなり、あげく、待ちくたびれて疲れ果てたりしてロクなことはない。

私が、世の中で嫌いな奴は、酔っぱらいと、人を待たせて平気な顔をしている人である。どんなにエライ人でも約束に遅れる人は私にとってはちっともエラクない人で、そんな人がいくらえばってても感心もビックリもしてあげないことに決めている。

だいたい、日本人は汽車や飛行機の時間にはカリカリと神経質のくせに、かんじんな、人と人との約束の時間を守らないというルーズなところがあるのではないか。日本人は、世界で一番「時計好き」の国民なのに、時計が好きなことと時間の観念ということがうまくジョイントしないらしい。その見本が私の亭主で、昼と夜の時間を間違えて羽田の飛行場へスッとんでみたり、タキシードを着こんでアタフタとホテルへ着いてみたら「その結婚式は昨日でした」なんてことはザラである。

「僕がメモの時間を見ちがえるのは、最近老眼になったせいだ」などとウソブクが、それすなわち、お年のせいであることには気がつかない。

人間、「忘れる」という恩恵がなかったら、もろもろの雑念に押しつぶされて死んでしまうだろう、というが、過去四十余年、自分なりにつみ重ねては忘れ、忘れてはつみ重ねてはきたものの、それにしても知らないことが多すぎる。時間を無駄にした、と、わが脳みその軽さが恨めしい。

ともあれ、時計の針は前へ進むばかりであと戻りはしてくれない。目ざまし時計の針にブラ下がって、ゆけるところまでゆくより他、道はないのである。

＊

私は、一日に五、六十本の煙草をけむりにするから、女としてはヘビースモーカーのうちに入るだろう。煙草というものはふしぎなもので、仕事が忙しければ忙しいほど煙草に火をつける回数が多くなる。つけては消し、消してはつけ、専売公社を儲けさせるために忙しい。

もともと私は、煙草を吸いたいと思ったことはないのだが、終戦直後に主演した『愛よ星と共に』という映画の中に煙草を吸う場面が二、三個所あったので、私は積み重ねた夜具ぶとんによりかかり、涙ぐましくも目をまわしながら煙草を吸う練習をした。おかげでその映画の撮影が終わっても煙草がやめられなくなり、甘いものや間食が嫌いな私にとって、煙草はついになくてはならぬものになってしまった。みかけによらず人みしりをする私には、煙草の煙幕はありがたいものの一つでもある。

酒呑みの俳優は、なぜか酒を呑む演技が下手だというが、煙草を吸わない俳優が煙草を吸う演技をすると、全くギコチなくてサマにならないものである。たとえ煙草が吸えても演技の間にセリフを言いながら上手に煙草を吸うのは大変にむずかしい。外国でも煙草を吸いながら自然な芝居ができれば、俳優として一人前だといわれるほどである。

煙草の吸いかたも千差万別で面白い。プカリプカリのお洒落型、指先が焦げる

銀盆はニューヨークのティファニー本店で、眼鏡スタンドにしている骨董のグラスはサンフランシスコで購入。高峰さんは辞書も新聞も裸眼で読むが、念のため老眼鏡を置いた。灰皿は香港製、時計は銀座・和光で。このセットをいつも身近なところ、たとえば食後は食卓のテーブル上に置いていた。盆／径20cm　グラス／高さ8cm　灰皿／一辺6.5cm　時計／高さ4.5cm

私の経験によると、ひっきりなしに煙草を吸う人は、シャイで気が弱く、煙草でも吸っていなければ間が持たない、といった純情？　な人が多い。純情なだけに自分が煙草を吸うだけでせいいっぱいで、周りにまで気を使う余裕がないらしい。

（「喫煙マナー」『おいしい人間』より）

まで吸うガッガッ型、つけてはすぐ消す移り気型、吸い口を癇性に嚙むイライラ型、と、煙草の吸いかたひとつにもその人間の性格が現われるもので、こうした観察もまた俳優の勉強のうちである。

わが家のオットドッコイ氏は、大病をしたとき、医師に「酒か煙草か、どちらかを止めてください」と迫られて、ウンウンと考えた末に煙草を捨てた。以来、私は、好きな煙草をやめた亭主の回りに灰皿がウロウロしていてはさぞ気分が落ちつかぬだろう、と思って、いかにも灰皿然とした灰皿は家から追放した。したがってわが家の灰皿は、李朝のドンブリあり、タイ国の坊さんが托鉢に用いる鉄鉢あり、古い線香立てあり、で、なんとも忙しい眺めになったが、来客が煙草の灰をもてあましてウロウロキョロキョロと「灰皿」をさがす目付きを、イジワルバアサンの私は心の中でウシシと笑いながら楽しんでいる。

（「時計」「灰皿」『いいもの見つけた』より）

トロフィー

もったいない？　あなた欲しかった？　だってあんな重い物どうする？　三階の床が抜けそうだったんだから。純金のちいちゃな、この小指ほどの女神だけは残してあるわ。（中略）それだけで充分よ。気持ちの中だけにあればいいの。

（斎藤明美「大反響となった記事」『高峰秀子との仕事1』より）

裏側

1990年、家を小さく改築した時に、夫婦合わせて優に100本を超える映画賞のトロフィーをすべて捨てた。たった1本だけ残したのが、この高さわずか19cmの『二十四の瞳』のトロフィー。裏にはこの映画で受賞した賞すべてが刻み込まれている。

人形

私が『放浪記』で演った
芙美子にそっくりでしょ。
（高峰秀子）

高峰さんによると、ワシントンにいる日系二世の友人と、その弟のアパートへ遊びに行った時、「その彼が骨董を集めていて、「好きな物持ってっていいよ」って言うから貰ったの」。陶製。高さ10cm

写真立て

物への執着は捨てて、物にまつわる思い出だけを胸の底に積み重ねておくことにしよう。思い出は、何時でも何処《どこ》でも取りだして懐かしむことができるし、泥棒に持っていかれる心配もない……

（「死んでたまるか」『にんげんのおへそ』より）

アンティークの小さな写真立て。夫妻の写真を入れて、寝室入り口のドアの横に、つねに飾っていた。高さ10cm 幅7cm

かつて夫妻でパリ旅行した時、蚤の市で手に入れた銅製の写真立て。左のものよりさらに小さい。これに夫の、それも7歳くらいのいがぐり頭の写真を入れるところに、高峰さんのなんとも言えない可愛らしさが窺える。鏡台の上にいつも置いていた。高さ6cm 幅4.5cm

燭台

文・高峰秀子

なんでも、光り輝くものは美しい。中でもその大将は太陽と月だろう。人間が作った光の中ではロウソクの炎ほど美しいものはないと私は思っている。(中略)

アメリカには、キャンドル・ディナーというしゃれた習慣がある。私もニューヨークの新聞評論家のキャンドル・ディナーに招かれたことがあった。オードブルにマルティニやシェリー酒のアペリチーフが終わると、食卓の燭台の六本の長いロウソクに火が点じられ、部屋のあかりはいっせいに消されてキャンドル・ディナーが始まった。ロウソクのほの明るさの中で、野菜はその美しさを最高に発揮し、ぶどう酒のグラスはキラキラとロウソクの炎にはえ、女性たちはいっそう美しく見えた。そして、静かな人々の話声は、心にしみ入るかのようであった。あんな楽しい雰囲気の夕食はいまだかつてしたことがない。デザートも済んで、コーヒーのために私たちは元の電気のついた部屋へもどった。ああ、そのときの人々の間のぬけたようなしらじらしい表情を、今でも私は忘れることができない。

すべての文明の利器はたしかにすばらしく、便利である。私たちはそのためにどんなに大きな恩恵をこうむっているかしれない。けれどその恩恵に慣れすぎたために、人々はますますぜいたくになり、更に新しい文明の利器を求めて突進し、それがこうじて、果ては原爆、水爆などという物騒なものまで発明して、世界じゅうの人々を恐怖に陥れるまでに発展させてしまうのである。

世界の死生をかけた一個のスイッチを握っているいく人かの人たちに、私は「ロウソクの炎をじっとみつめてごらんなさい」とすすめたい。ほのかに、あるともない風にゆらぎながらも、優しく燃えつづけるロウソクの炎の美しさは、その人たちにきっと心のふるさとを思い出させるに違いない。

（「燭台」『瓶の中』より）

燭台

この燭台にローソクを灯して眺めていると、昔、漢の親和政策のために匈奴の首長に嫁がされた美人、王昭君が、蒙古の包《パオ》の中で砂嵐の音を聞きながら故郷恋しさに泣きぬれている……といったイメージが浮かんでくる。

（「手燭」『コットンが好き』より）

「30年ぐらい前かな。二人でよく香港に行ってた頃、市内の骨董屋で見つけたの。綺麗だから買った」と高峰さん。台は銀。縁と中心に珊瑚とトルコ石が交互に埋め込まれている。高さ15cm

一輪挿し

しこたま買い込んだ花をめったやたらとそこらの壺やびんにほうり込むだけだから、とてもいけ花といえるものではない。「何流ですか?」ときかれれば、「でこぼこ流の元祖です」とでも答えるよりしようがない。

(「松と菊」『瓶の中』より)

夫妻が中国を旅した際に、北京の骨董屋で求めたもの。楚々とした可憐な花を好む高峰さんは、大好きな都わすれや、庭に咲いた水仙などを、そっと一輪だけ、この陶器に挿して、楽しんだ。高さ12cm

一輪挿し

文・高峰秀子

私は花が好きだ。いっさいの雑念とは関係なく、時がくればせいいっぱいに美しく咲き、時がくればいさぎよく散ってゆく。私はそういう花がうらやましい。だから一年じゅう、何がなくとも、家じゅうに花だけは絶やしたことがない。けれど、暑気にむし返る夏の間は花の命が短い。一日たてば、首をたれ、花びんの水は泡を浮かべてすぐ腐る。ぐにゃんとしおれた花を見るのは花好きの私にはたまらなく悲しい。

知人から、上等のクリスタルのあしつきくだもの皿をいただいた。私はあしつきの器にくだものや菓子を盛る趣味がない。けれど、せっかくの器をなんとか生かして使う方法はないかと考えた。食べ物を入れようと思うから範囲が狭くなる。だからもっと自由な気持ちになって……と気をとり直したら、ふと、あることを思い出した。

昔、壺井栄さんのお宅に伺ったとき、洗面所に置かれた洗面器の中に、くちな

来客時の花器を選んでいるのだろうか、リビングで仲むつまじく、壺や瓶を手にとる若夫婦。

しの花の首だけが二つ、三つ浮かんでいて、蛇口から落ちる水滴が洗面器に美しい波紋を描いていた。くちなしはそのたびにかすかに揺れて、あたりにはくちなしの甘い香りが漂っていた。その、なんともいえぬ奥ゆかしさ、なんという心にくさ。私は、壺井先生のお人柄に改めて目をみはる思いがした。

　私は壺井先生のお人柄にあやかろうとばかりに、冷たい水を器に張って、花の首だけを水に浮かべる。ガーベラなら二つ三つ、大輪のダリアならたった一輪だけ。花びんの中で首うなだれた花も、首だけにすれば、花弁は水を吸い上げて、いきいきと美しさを取り戻す。

日本の四季の中で、私がいちばん好きなのは秋。暑さ寒さの両方に弱い私は、一年の半分ほどを海外逃亡ときめこむが、秋だけは絶対に日本国ですごしたい。読書の秋、食欲の秋、そして女性がもっとも美しく見える秋。そのいずれも私にはメではないが、私には私なりの「秋」の楽しみが一つある。それは花屋に秋草が入荷することだ。

すすき、りんどう、女郎花《おみなえし》、桔梗《ききよう》、刈萱《かるかや》、吾亦紅《われもこう》。どの花も優しく可憐な野の花である。

最近は、八百屋や魚屋、そして花屋にも「季節」がなくなりつつあるけれど、秋草だけは秋を待たなければお目にかかれない。

だいたい秋草は吹けばとぶような雑草のたぐいなのだから、こちらから野原へ出かけていって朝露踏んで摘み取ってこそ楽しいので、秋草のほうから汽車に乗って都会へ出てこい、というのはヘンなのだが、世の中の風情がすべてヘンな

うれしいにつけ、悲しいにつけ、
花屋へ飛び込む。
（「松と菊」『瓶の中』より）

松山氏から「花キチお秀」と言われるほど花好きの高峰さん。自宅で花をいける表情は幸せそのもの。

のだから、まあ、いたしかたがない。
とにかく花屋へ駆けこんでしこたま秋草を買い狂い、そしてこれも私の大好きな李朝の大壺や大ザルや竹籠などにエッサエッサと盛りこんで、さてどうするかといえばどうするわけでもなく、ただボケーッと眺めるだけである。（中略）
考えてみると、私は相当な花好きらしく、家中に氾濫する花器の群れがそれを証明しているようだ。でも、花ならなんでもよい、というわけではなく、たとえば赤いカーネーションとかフェニックスなどの強烈さには弱い。私の仕事は家の中よりも外の場合が多いので、いつもガックリと疲れて帰宅する。せめて家の中では花の色までしっとりと静かであってほしい、という願いがいつの間にか働く。

　わが家の花器は秋草や茶花に似合うひなびた風情のものが多い。ふだんは棚の上にひっそりと鎮座しているそれらの花器が、秋草を迎えたとたんに生気を放ち、秋草もまたところを得たとばかりにいっそう美しさを増す。お互いがよりそって、お互いをひき立て合って「調和」が生まれて「美」となる。

　年がら年じゅう、目くじらを立ててつっ走り、不協和音をがなり立てている私は、ときどきフッと心の空洞のようなものを感じることがある。なにか物忘れをしているような、もどかしいイヤな感じである。それがなんであるか私にはよくわからないけれど、そんなときに秋草をみると、とげとげしい自分の心が一瞬なごむ。秋草の一つ一つが、あまりにも優しく、哀れなほどにこまやかな花をせいいっぱいに咲かせているからだろうか？　秋草から受ける感動が、年々薄れるどころか深いものになってゆくのは、私もまた雑草人間の一人だからだろうか。


（「花器」『いいもの見つけた』より）

お厨子

文・高峰秀子

私が幼かったころ、住んでいた貸家には小さな神棚があった。母が、私が出演する映画の脚本を神棚にあげて、一心に手を合わせていた姿が、いまでも私の眼の底に残っている。

私が少女だったころ、母娘の寝室にしていた部屋に仏壇があった。母は最愛の人であった祖父の戒名を記した位牌を安置して、朝夕かならず手を合わせていた。

私が結婚したころ、家には神棚も仏壇もなく、母はどこかの古道具屋で買ってきたという仏像を黒塗りの厨子に納めて、大きな声を張りあげて「ナムミョウホウレンゲキョウ……」ととなえては熱心に手を合わせていた。（中略）

「うちは日蓮宗だよ」と言っていた母が亡くなったのはキリスト教の病院だった。母は病院の敷地内にある教会に納められ、パイプオルガンと讃美歌に送られて、二度と帰ることのない旅に出発してしまったけれど、「オヤオヤ、今度はこんなハイカラな神さまとつき合うのかい？」と、さぞビックリしたことだろう、と私は思っている。

わが家には、神棚も仏壇もない。いや、私たち夫婦が「仏壇」と呼んでいるものが、あることはある。洋間の細いニッチにチョコンと納まっている仏壇は、京都の仏具屋に頼んで作ってもらった、高さ七センチの根来塗りの厨子である。小さな厨子の中には親指ほどの、これも根来塗りの位牌が納まっていて、夫の姉と、戦死をした兄、夫の母親、そして私の実母、実父、養母の名がチマチマと書き入れられている。厨子の扉は常時開かれているけれど、それでもまるでせせこましい団地並みで、六人の霊が窮屈そうにおしくらまんじゅうをしているような眺めである。

供えものは、水を切らせたことのない直径二センチほどの水滴。ときどき私たち夫婦が夜半の酒盛りをするときに、水滴の水をウイスキーにしたり日本酒にしたりブランデーにしたりして、「お父ッちゃん、おッ母ちゃん、兄《アン》ちゃんたち、まあ一杯やろうぜ」などと言いながら、仲間に入ってもらうことにしている。


（「仏壇」『いいもの見つけた』より）

私は宗教を持たない。が、私は私だけの「神」を自分の心の中に持っている。

（「オッパイ讃歌」『にんげんのおへそ』より）

高さ7cmの、可愛らしい根来の厨子。観音開きの扉を開くと、夫妻の親兄弟、故人の名前が書き込まれた小さな位牌。手前左右には、松山氏の干支の牛が。左が高さ3cm、右は2cm。水入れにしているのはお雛様の桶で、毎朝、高峰さんがお供えの水を取り替えていた。

オピウム・ウェイト

これは、かつて中国で阿片（オピウム）の取引が行なわれていた時代、天秤の片方に置く錘《おもり》として用いたもの。三十数年前、夫妻でシンガポールを旅した際、オリエンタル・ホテルの中の骨董屋で見つけたという。松山家には他にも、小ぶりのオピウム・ウェイトがいくつかあり、夫妻はペーパー・ウェイトやレター・ウェイトとして使っている。古銅製。右／高さ6cm　幅5cm

文鎮

書きかけの原稿用紙の上、開きっ放しの辞書の上、未整理の手紙の上などに一個ずつ座りこんで番人をしているのが文鎮たちだけれど、これがまた重けりゃなんでもいい、というわけにはいかないらしく、ノッカーとか大メタルとか石ころとか、ふしぎなものが文鎮として使われている。男の人はどこか子供っぽいところがあるから、これらのふしぎ文鎮も、夫にとっての格好なオモチャなのかもしれない。

（「文鎮」『コットンが好き』より）

数ある文鎮のなかでも、松山氏が仕事部屋で一番愛用しているのがこれ。パリの蚤の市で見つけた、ずっしりと重いアイロンだ。実際に使われていたもので、「3」という番号と錨のマークが施されている。鉄製。長さ10cm　高さ6.5cm

印章

文・高峰秀子

外国人のように、身分証明書を持ち歩く習慣のない私たち日本人には、自分がどこの何兵衛であるか、という確固たる証拠がない。唯一の自己証明に役だつものといえば〝自分の名前を彫ったはんこ〟一つであるというのは、考えてみればひどく心もとない話である。

そのはんこなる代物も、そこらの文房具屋でむぞうさに売っているし、偽造も簡単、盗難の心配もあり、で、だから実印届けだ、印鑑証明だ、と複雑になっていくのだろうが、はんこの存在はどうも百害あって一利なしの感がある。

私はある日、必要あって印鑑証明をとるために代理人にはんこを持って区役所へ行ってもらった。ところが、代理人ではなく本人がそのはんこを持って来い、と言われ、どうしても来られぬなら「この人を代理人とする」と書いた紙にはんこを押したものを持って来い、としかられたそうである。代理人はいったん、区役所を出て、言われたとおりに書類を作り、はんこをペタンと押して、ふたたび窓

高峰さんの印章コレクションの一部。径1.5cm～3.5cm。牛、犬、蛙、鳥、亀など動物ものが多い。旅先で見つけたものや知人が作ってくれたもので、印材は玉や鉄、銅などさまざま。もちろんこれらすべてに印を篆刻したわけではなく、小さなオブジェのように掌中で楽しんだようだ。

口へ行ったらスイと用事が足りたと言って、にやにやして帰って来た。そうかと思うと、わが家の運転手や通い女中さんが定期券を買うにはつい先だってまで雇い主のはんこが必要だったが、このほうははんこの主にまかり出ろとは一度も言われたことがない。ということはインチキをしてそこらの三文判を押して行っても通ってしまうということで、向こうがいいかげんだからこっちもいいかげんをしてやろう、という気を起こさせても、しかたがないことになる。

はんこ一つがその人間を証明し、はんこ一つへの信用が天下国家を動かすともなると、そら恐ろしい気がしてくる。

外国ではいかなる場合も当人の署名だけがものをいう。契約書、パスポート、銀行小切手、通帳、トラベラーズ・チェック、その他いろいろである。筆跡というものは実に個性があるものらしく、警察でも筆跡鑑定が決め手となっ

て事件のホシをあげることも多いと聞く。本人の手で書く署名より、その下にぼんやりかすれたはんこのほうを信用する私たちを見たら、外国人はさぞびっくりすることだろう。

最近は日本の銀行でも、サイン方式の通帳ができたし、ホテルや買い物の支払いをサインでする方法が普及しつつあるようで、昔のように「はんこをおひとつ――」という言葉をあまり聞かなくなった。〝判で押したような〟とか〝太鼓判を押す〟とかいう形容も将来は自然消滅するかもしれない。

（「はんこ」『コットンが好き』より）

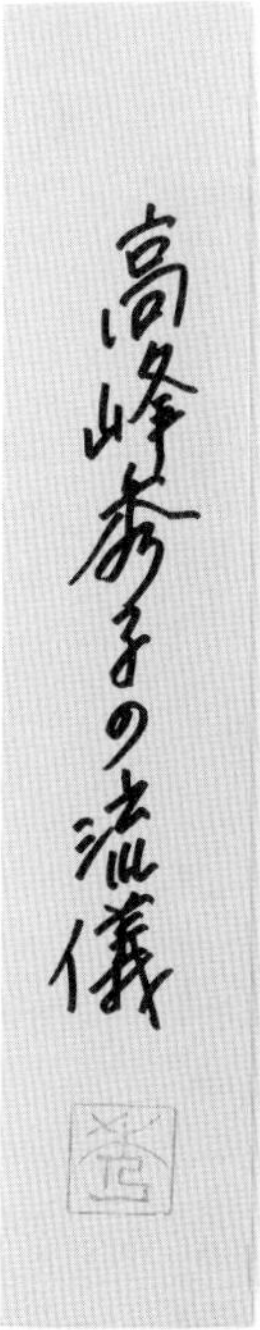

著書を贈る際に入れる短冊。高峰さんの肉筆サインと落款入り。

束子

台所用品というものは、料理を作るための必需品だから、観賞にたえる料理器具などあるはずがないけれど、でも、やっぱり、「女の城」というべき台所にあるものは、見て愛らしく楽しいほうがなんとなく気分がいい。

（「泡立て器」『いいもの見つけた』より）

棕櫚製のキリワラ型束子4種。鍋や器の大きさ、深さに応じて使い分ける。結婚後すぐ、京都を訪れた時に見つけて以来、行くたびに買い求めたという、高峰さんのお気に入り。「普通の亀の子束子は、使っていると掌が痛くなるの。これは大きさもちょうどいいし、ジャガイモの皮を洗う時なんかとても便利」と言う。京都「内藤商店」製。右から、長さ21.5cm 13.5cm 10.5cm 8.5cm

エッグ・タイマー

卵と一緒に水から鍋に入れて加熱すると、赤い部分が端から中心に向かって黒く変色していく。黒い部分が多いほど固いゆで卵になるという仕組み。「半生、半熟、固ゆでが一目瞭然」、と重宝した。米国製。長径5.8cm

おたま

ステンレス製とアルミ製のおたま4種。1本ずつ選んで購入したこだわりの道具。湯豆腐を食べるとき、うどんをすするとき、用途にあわせて使い分けた。どれもかたちがかわいい。右から、長さ17cm　16cm　16cm　18cm

栓抜き

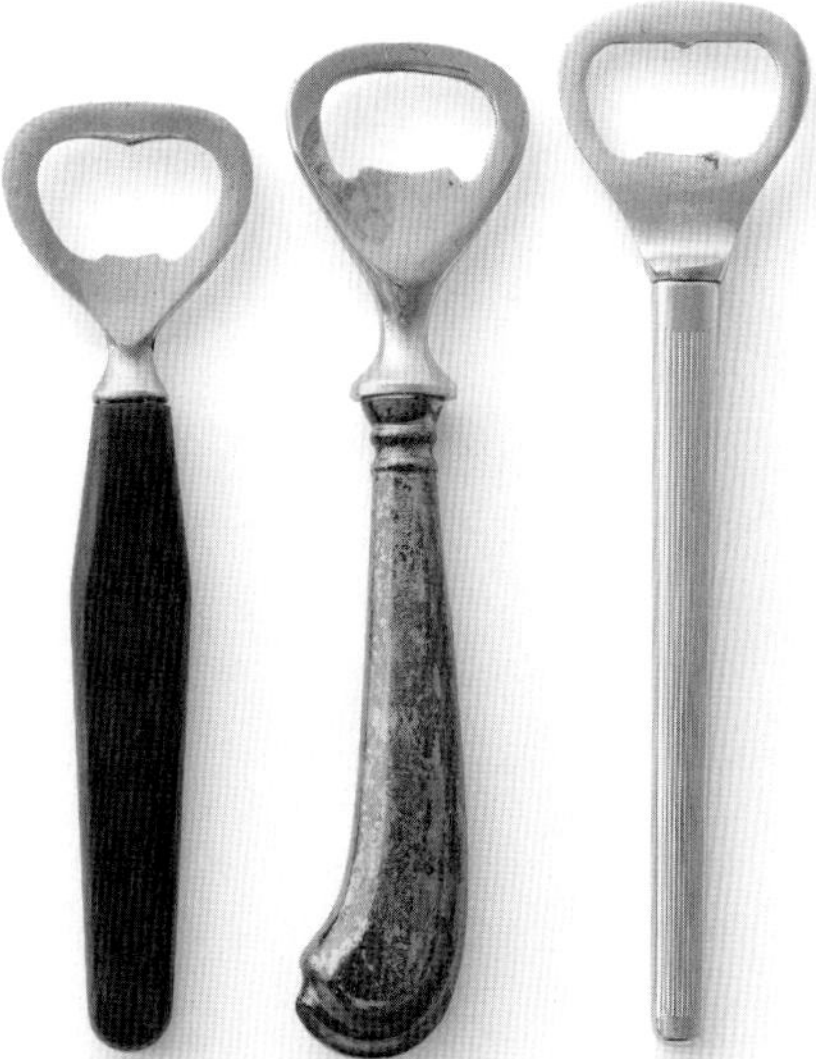

シンプルな形の栓抜き。高峰さんによれば、「栓抜きって、小さくて荷物にならないから、スーヴニールにいいでしょ。善三さんが毎晩ビールを飲むから、海外に行くたびに買ってきて、たくさんあるのよ」。右から、長さ15cm 14cm 13cm

若夫婦が仲良く揃ってお買いもの。自宅近所の本屋さんにて。帽子屋はハワイでのひとコマ。二人とも大の本好き。本を選ぶ目つきは真剣そのもの。

牛

文・高峰秀子

私の夫は十二支の二番目、丑年《うし》の生まれである。動物の牛は鈍重、怠惰の見本のように言われているけれど、丑年生まれの人間は意外と働き者であわて者が多いらしく、私の夫もまた、ちょいちょい「オットドッコイ！」というようなことをやらかす。

以前に、中国人の老占い師に手相をみてもらったとき、「コノ人ハ一生、砂漠ノ中デ、水ヲ求メテ走リ続ケル渇《カツ》エタル牛ノ如シ」と言われたが、なんとなく思いあたる。

一九六三年にはじめて中国旅行をしたとき、ちょうど夫の誕生日だったので、小さな象牙の牛を記念に買った。その後、バンコクの骨董屋でみつけた牛には、剣をかまえた男性が格好よく乗っていて、そのピリッとしたフォルムに惚れて、私はおこづかいをはたいた。

（「牛は牛づれ」『コットンが好き』より）

高峰が私にしてくれたこと――。それはとても、書き尽くせない。語り尽くせない。大げさでなく、高峰秀子は松山善三という私自身を作り上げてくれたのだから。（松山善三）

（「女優・妻・師」写真集『高峰秀子』より）

丑年の松山氏が大切にしている「牛」たち。格好も表情も、よく見ればユニーク。かなり持ち重りがするので、ペーパーウェイトとしても使っている。左上から時計回りに、長さ5cm 10.5cm 7.5cm 7cm

まいまいつぶろ

文・高峰秀子

昭和三十年に、私は『まいまいつぶろ』というタイトルの本を出版した。その「はしがき」に、私は次のような文章を書いている。

「まいまいつぶろとは、でんでん虫のことです。でんでん虫とは、かたつむりのことです。この本のタイトルを、何とつけようかと考えていたら「まいまいつぶろ」という可愛い音の、妙な呼び名が浮かんできて、私の頭の中にピタリと居座ってしまいました。小ちゃいくせに、大きな重たそうなカラを背中にしょって歩きます。ちょいと柔らかな頭を出して、つつかれるとスッとカラの中に逃げこんで、どこかへ歩いていってしまって、また、向こうのほうで頭を出してあたりを見まわしています。何となく、それで、「まいまいつぶろ」というタイトルにすることに決めました」

なにしろ、いまから二十余年も前に書いた文章だから、分かったような分からないような半端な「はしがき」だけれど、五歳の頃から働きはじめて、養父母や住む家まで背中に背負いながら、ヨタヨタと生きてきた私自身と、まいまいつぶろの、一途で、そのくせトボけた生きかたに、ふとした接点をみつけた、ということかもしれない。

（中略）日本の雨上がりの八ツ手の葉に、たった一人でチョコンといるまいまいつぶろは、小豆粒のようにチビスケで、大きな図体のカラを背負ってノロリノロリと歩いているサマは、なんともユーモラスで愛らしく、まいまいつぶろはいつのまにか、私のトレードマークのようなものになってしまった。

わが家の飾り棚には現在二匹のまいまいつぶろがいる。一匹は沖縄へ旅行をしたときに買った沖縄ガラスのまいまいつぶろ、一匹は最近ホノルルの貝細工の店でみつけた一センチほどのチビスケである。二匹ともガラス製で、あるかなきかのように心細い風情なのがいっそう愛《いと》しい、と、私は気に入っている。

まいまいつぶろ、うまず、たゆまず。

（「まいまいつぶろ」『いいもの見つけた』より）

「利口ぶってみたところで、どうせお里が知れている。それならばせめて、家の中に年中笑い声の絶えないような、明るい家庭を、朗らかな家を作ろう」

（「骨と皮」『わたしの渡世日記（下）』より）

一時はもっとたくさん集めたが、高峰さんが最後まで手許に置いたのが、これらのまいまいつぶろ（カタツムリ）。左上から時計まわりに、長さ4.8cm、3.3cm、3.5cm、3.5cm、左下の対のは1.7cmと1.5cm。ちなみに本文中の沖縄ガラス製は右中の黄色。ホノルルの貝細工店で求めたのは右上で、貝殻部分は長さ1cm足らず。

整理整頓芸のうち　住

私がなぜ、かくも無残なガンコ女になり果てたかという話は、昔、昔のその昔にさかのぼる。五歳から私は自分の働いた報酬で親子三人の衣食住をつかさどってきたのである。なんせ大人ばかりの、それも複雑怪奇ともいえる映画界で働いているると、子供ながらにいいかげんコマシャクレ、帽子ひとつ買うのにも納得のゆかないものはイヤといったらイヤだった。三つ子の魂百までとやら、私のガンコな性格は、そのあたりから今日までオンブオバケのごとく私の背中にはりついてしまったらしい。

人に迷惑をかけてはいけないが、私はガンコそのものは悪いことだとは思わない。ガンコでなければできないことも、この世の中にはあるからで、たとえば、わが家の中にある家具調度から台所のシャモジまで、もろもろの一切は、すべて私のガンコな好みでそろえたものである。新婚ホヤホヤのころ、夫が私にきものを買ってくれたことがあった。私は新妻らしく大いに感謝して夫のほっぺたにキッスなどしたが、つぎの日、その反物をかかえて、さっさとお取り替えに出かけた。なぜなら、「私の好みに合わなかった」からである。夫はさすがにあきれはて、それ以来、私にキャラメル一個すら買ってくれなくなった。いとニクラシキ妻である、とアタマへきたのだろう。わが家は商売柄、なにかと他人《ひと》さまから贈りものをいただくが、その好意はありがたく頂戴しても、その品物を飾ったり使ったりすることはめったにない。理由はただひとつ「家に合わない」からである。「せっかくの好意を申しわけない」「お金を使わせてあいすまない」と、心は千々に乱れても、私はそれらの品物を「エイヤッ」とばかりに処分してしまうのである。私とても大正生まれ「もったいない」という感情は持ち合わせてはいるが、私の「もったいない」は、なんでもかでも仕舞いこむことではなくて、もったいなければもったいないほど、何かの方法で、その好意を生かして使うという考え方である。だから、中元と歳暮の季節には、その整理で心身ともにクタクタになる。こうまでエゲツなくガンコな私を、われながら哀れに思わぬでもないが、こうまでしなければ家の中はテンデバラバラの品物でいっぱいになり、デパートの売り出しのごとくなってしまって収拾がつかない。

徹底的な整理整頓をするのは、なんと「根気と勇気と執念」が要ることだろうとつくづく思う。

「整理整頓も芸のうち」。きょうも私は、家の中から要らないものをはじき出そうとして、のみ取りマナコで家中をにらみまわしている。

（『瓶の中』より）

結婚記念日二十年目の朝

善三　戦争中、僕は二十五歳で死ぬと信じていた。死にざまは、本土に上陸してくる敵を迎え撃って殺されるか、爆死だと決めていた。ところが、神国日本は無条件降伏した。敗戦で、世の中も、ものの見方も、考え方も、みんなひっくりかえり、三十年が終わった。

そして、世の中は変った。世代の断絶は、埋めることのできない深い溝をつくったが、ただひとつ、あまり変らないものがある。男と女の意識である。昭和二ケタの青年たちは、僕の知らないところで大きく変化しているかもしれないけれど、僕たち戦中派の男に限っていえば、男性の女性に対する一種の羞恥《しゅうち》と、軽侮《けいぶ》の心は、三十年間ひとつも変っていない。このごろ、世の中、太平楽に過ぎて、結婚記念日だ、誕生日だと、さも重大な行事ででもあるかのように騒ぎたてるけれど、僕の知る限り、戦前の夫婦は結婚記念日など祝ったこともないし、恥じてその日を明らかにしなかった。それでも、深い心の底で、いたわりと敬愛の心で結ばれていたのだろう。夫婦はそれぞれ、お互いにつくりあげた秩序を守って、封建的とはいえ、家と一緒に生きてきた。

今、家は、それほど重要なものではないと考えられているけれど、家が重要でなければ、結婚記念日もそれほど大切なものではなく、ただのドンチャン騒ぎに過ぎない。

僕たち夫婦は、年の初めに、お互いの日記帳に結婚記念日のマークをつける。忘れないためにである。この日だけは、いかなる約束もとらない。プレゼントはないけれど、二人だけで食事をとる。そして「年くったなあ」と呟《つぶや》く。それだけである。

秀子　私も、昔から自分の誕生日のパーティなどには興味はなかった。だからもちろん、結婚記念日もことさら重要だとは思わない。

朝からやたらと花束が届くので、「今日はいったいなんだべ」と考えながら日記帳をひっくりかえすと、結婚記念日だったりする。夫婦二人きりで、しみじみと顔を見合わせる日が一年のうちにもう一日あることを夫は忘れているようだ。それは、十二月三十一日の大晦日である。

結婚生活も二十年ともなると、来年への期待に胸ときめかす、というよりも、「やれやれ、今年も終わったか」という感慨の方が深い。

除夜の鐘は私にとって、「一年間、おつかれさまでした」というように聞こえる。夫も、たぶん同じ気持ちだろう。めっきり白髪も増えたもンな。

善三　プレゼントはしないよりしたほうがよい。いつまでも子供のような心で、夫の、妻の贈り物を待つ心は大切だ。

僕も初めての結婚記念日には、なけなしの財布をはたいて贈り物をした。しかし彼女は、その品物がお気に召さなかった。翌日、彼女はそれを持ってデパートへゆき、自分の好みの品と取り替えてきた。

彼女にいわせれば、「好きでないものを貰って、タンスのこやしにするよりいいでしょう」という。


以来、僕は妻に贈り物をしないことにしたから気は楽だ。

しかし彼女のように強い個性のタイプは、自分の好みを人に押しつけて恥じない。趣味にうるさい人は、趣味の許容範囲が狭い人である。ただ僕たち夫婦に人が真似られないよい一点があるとすれば、食事の趣味の一致である。

「明日何食う?」というのが、僕たちの就寝前の挨拶である。

秀子　「三つ子の魂、百まで」というけれど、夫からの贈り物をお取り替えして以来、彼は本当に何も買ってくれなくなった。そのガンコオヤジが、珍しく「なんか買ってやろうか」というので驚いたら、「結婚二十年記念だから」だそうで、やっぱりおとしのせいでガンコの角がとれたというわけか?
ちょっといいわけをさせてもらえば、私は四歳から、自分で働いて得たお金で自分の好きなものを買う習慣があるので、自分の好まないものは、ひとつでも身辺に置きたくない。イヤなものがあると、頭痛がするほど気分が悪くなる。こうなると一種の病気かもしれない。でもさ、人は人でも、夫からの贈り物までお取り替えするなんてあんまりですよね。考えてみれば。

深く反省しますから、これからどんどん買っておくれ。

善三　僕は始めに、二十五歳で死ぬつもりだったと書いた。

しかし結婚したら、ひとり勝手に死ぬことはできない。子供があればなおのことである。たとえ不慮の事故であっても、残された者の悲しみを考えれば、罪深いことだ。結婚記念日に、もし贈る言葉があるとすれば、

「元気でね」

この一言である。

秀子　ずいぶん人聞きのいいことをいっているけれど、これはウソである。「恥をかくなら死んだほうがマシだ」と、いうのが夫の口癖で、恥をかくたびに死なれちゃ、残されたほうは迷惑このうえもない。人間なんて、一生恥のかきくらべをしているようなものだ、と私は思う。そして、人は恥のつぐないによって成長するものじゃないかしら、と思う。

結婚とは、夫の、妻の恥を片方が少しずつ引き受けることなのかもしれない。

男と女が結婚すると、男は亭主となり、女は女房というものになるのが世の常識となっているらしい。とすると、わが家には女房がふたりいるということになる。その理由を一言でいえば、私たちが共かせぎ夫婦だからで、夫婦ともども亭主ヅラしてふんぞり返っていては何かと不都合が起きるので、自然と亭主がひっ込んで女房がふたりになったらしい。女が女房になるのはやすいが、男が女房になるのはさぞたいへんだろうと同情しているうちに、はや、二十年が経過した。女房からいわせれば、亭主の第一条件は〝丈夫で長もちする〟ことだろう。昔カモシカのごとくであった亭主は現在はイノシシのごとく肉もつき油ものって、丸焼きにでもしたらうまそうに成長（？）した。このうえはなんとか長もちさせようと、目下研究中である。

一見美男風なれど、頭の形はデコボコで、そのうえかたい毛があっちこっちとかってな方向にはえているから散髪がむずかしい。床屋は十年来、私のお世話になっている。私が長いロケーション撮影にでも出かけると、おかっぱ風に毛がのびて、まるで老いたるビートルズのごとき風貌になる。夫婦の性格はまるきり反対だが、共通点は朝寝坊と食いしん坊で、ことにうまいものを食べているときは例外なく機嫌がいい。何事も好ききらいが激しく、みっともなくない程度のおしゃれだが、それも外ヅラだけで、家では着物を裏がえしに着て平チャラでいたり、一日じゅう顔を洗わないことはざらである。宝くじを買い込んで「一千万円当るぞオ」などと奇声をあげるが、友人と一杯呑んだ帰りにごみ箱へ捨ててきて、じだんだを踏んで口惜しがるという特技もある。

　最近、とみに売れっこで、牛若丸のごとく、ここと思えばまたあちらで、席のあたたまるいとまもない。「遊んでやれないから、君、もうひとり女房もってもいいや」などと、気のきいたふうなことをいってくれるが、このうえ女房がふえては生活が煩雑になって収拾がつかない。私は亭主のコレクションには趣味をもたないから、まず、お志だけをありがたく頂戴しておくことにしている。

善三　結婚生活二十年。もう私もお前もないよ。ひとのものは俺のもの。俺のものは、俺のもの。

（『つづりかた巴里』より）

高峰秀子が愛した猫

文・斎藤明美

夫婦はこれまで犬を飼ったことはあるが、猫はない。

だが、家の庭には昔からよく野良猫が来ていたそうだ。松山家は周囲から途絶したような高台の一角にあり、車や人の往来が少なく、しかも近隣には緑が多いから、野良猫が生息するにはうってつけの環境なのだ。

私も松山家に出入りし始めてから何度か庭で野良猫を見かけたが、離れに住むようになってからは、近くで見られるので、猫好きとしてはとても嬉しかった。

数匹の猫が出没したが、縄張りが決まったのか、やがて私が気に入っていた白地に黒い模様のある太ったオスの野良、私が「シロちゃん」と呼んでいた猫だけが来るようになった。

触ることこそできなかったが、その猫が庭に来るのを私は毎日心待ちにするようになり、庭にはいつも新しい水を用意したりした。

「あ、見て、かあちゃん、またシロちゃんが水を飲んでるよ」母屋の窓から私が指差して高峰に教えると、「あの猫は、あんたが離れに住む前からうちに来てたのよ」

ふ〜ん、そうか。先輩だな。私は思った。だが何度目かにまた私がシロの出現を告げると、高峰は、

「かあちゃん、猫は嫌い。気味が悪いから」

いとも冷淡な反応を示して、「餌なんかやっちゃダメよ、あんたが困るわよ」と、クギを刺した。だが可愛いので、私は密かに、買ってきたキャットフードを少しだけ、時々、皿に入れてベランダに置くようになった。一年ほど経つと、シロが小柄なメス猫を伴うようになった。私は「チビ」と名付けた。と、ある日、チビのお腹が膨らんでいるのに気付いた。

「かあちゃん、メス猫のお腹が大きいみたいなの。うちで産んじゃったらどうしよう……」

困っている私に、高峰が呆れ顔で応えた、

「知りませんよ。餌をやったあんたの責任です。生まれたらどこかへ捨ててきなさい。段ボール箱にでも入れて」

ノラ（右）をおさえ「早く撮って」と松山氏。

「そんな……」

「猫はどんどん子供を産みますよ。ほっといたら、うちは猫屋敷になっちゃいますよ」

高峰が言う通りだ。仕方なく私は決心した。もしベランダの隅や庭の叢《くさむら》で子猫を産んだら、惨《むご》いが、捨てるしかない。でないと、私がかあちゃんに捨てられちゃうかもしれない……。それからはチビの動向に眼を光らせた。だがある日、突然、チビがペシャンコのお腹になって現れたのだ。さっそく私は母屋に走り、ベッドで本を読んでいる高峰にご注進。

生後半年ほどのタマ（右）とノラ。

「かあちゃん、あの猫ね、子供産んだみたい。でも全然子猫の鳴き声がしないから、どっかよそで産んだんだよ。よかったね」

「ふ〜ん」

高峰は再び本に目を落とした。

「よかったぁ、もう私が心配しなくていいや」

私は高峰に言うともなく、呟いた。

だが、その二日後。

ミイミイミィ……。

子猫の声だ！　私は離れから飛び出して、声のするほうを探った。どうやら離れと接した隣家の裏手から聞こえてくる。そっと、垣根越しに覗いてみた。確かに声がする。だが薄暗くて姿は見えない。私はまた高峰のもとへ走った。

「お隣の台所の裏あたりで声がするんだよ、子猫の」

息せき切って言うと、

「そう」

高峰は興味なさそうに本から目を離さない。だが私は子猫のことが気になって仕方ない。その夜も翌日も、隣家の暗がりを覗き込み、子猫の姿を確認しようとしたが、時々、声が聞こえるだけ。

すると二日後の午後、その暗がりに小さなシルエットが見えたのだ。可愛い！やっぱりあそこに子猫がいる。でもうちの子猫じゃない。安心と失望が入り混じった。

ところが、である。そのまた翌日の午後、離れのベランダに出てみると、一匹の子猫が、それも小さな小さなキジトラ模様の子猫が、隣家の裏から松山家の敷地に転がり出てヨチヨチ這いずっているではないか。

気が付くと、私はその小さな身体を鷲づかみにして、一目散に母屋へ走っていた。子猫を後ろ手に隠したまま寝室に入り、ベッドで本を読んでいる高峰の側に立った。

「かあちゃん」

ニコニコしながら、声をかけた。

「なぁに？」

こちらを向いた高峰に、

「ホラ！」

右手で握ったまま子猫を差し出した。

「アラ〜ッ！」

高峰が目をまんまるくした。そして普段なら夕飯の支度時にならないとベッドから出ようとしないのに、

「連れておいで、こっちへ」

さっさと居間のほうに行くのだ。

「ここへ置いてごらん」

高峰は笑顔で言った。

全身キジトラで肉球が黒いタマと手足の白いノラ。二匹ともオス。二〇一〇年夏に生まれ、すくすく育つ。子猫の時に高峰さんに与えられた生クリームの味が忘れられないのか、今も乳製品が好き。

松山の手につかまれたタマ。

庭によく来ていた野良猫シロ。

母猫と一緒のノラとタマ。

高峰曰く「あんたより昔からうちに来てたのよ」。

「世界ネコ歩き」が大好きだったタマ。

タマは器用だった。

「食卓に⁉　だって地べたに転がってたんだよ」

きれい好きの高峰の言葉とも思えない。

「いいから、いいから」

高峰はもどかしそうに促す。私は食卓の上に、子猫を置いた。

「まだ歩けないじゃないか」

そう言って、壊れ物でも触るように高峰は、そっと子猫の頭を撫でた。

「なんだ？　こりゃ」

書斎から下りてきた松山が唖然としている。

「明美が連れてきたのよ」

高峰はもう子猫しか見ていない。

「一匹しか産まなかったみたいだよ」

私は言った。ところが、またもや、ところがである。私がベランダの隅に用意した段ボール箱の中で、人間には決してなつかない母猫・チビがその子猫にお乳をやるようになった二日後、別のミィミィが前と同じ場所から聞こえてきたのだ。

私は急いで隣家の台所裏の路地を覗いた。

明らかにもう一匹いる。

母猫は先の子猫にしかお乳を与えていない。このままでは残されたほうが餓死してしまう。考えた末、私は母猫を餌で釣り出しておいて、その隙に先の子猫を段ボール箱から取り出し、隣家との境目においた。置き去りにされた子猫のほうへ母猫を誘導したのだ。策は当たって、母猫は残してきた子猫をくわえて戻り、ベランダの段ボール箱の中で、無事二匹にお乳をやり始めたのだった。さぁ、高峰に見せなくては。私は二匹の子猫をそれぞれ両手に摑むと、母屋に走った。

「かあちゃん」前と同じように、先の子猫を右手で差し出した。左手は後ろに隠して。「連れてきたか」高峰がニコニコしながらベッドから出ようとした時、「ホラ！」左手も差し出した。

「まぁ！　おんなじじゃないか」

高峰の顔が一段と輝いた。

「もう一匹いたの。二匹産んだんだね。他にはいないよ」

そんなことはどうでもいいというふうに、高峰は「早く、早く」と、居間に招く。食卓の上でモソモソしている二匹の頭を、高峰は代わる代わる撫でては、

「眼はちゃんと見えてるのね」とか「ホラホラ、そっち行ったら危ないよ」などと二匹をテーブルの中央に集めて、デレデレの顔をしている。それからはもう大変だった。高峰は朝から離れの私に電話してきて、

「チンピラ達はどうしてる？」

私は寝ぼけまなこで、

「ベランダでおかあさんのお乳を飲んでるよ」

「連れてきな」

母猫が一緒にいる時、子猫に手を出そうものなら、ひっかかれるどころの騒ぎではないので、私は段ボール箱からかなり離れた所に餌を置いて、母猫が食べ始めたのを確かめると、二匹の子猫を素早く摑み、母屋の高峰のもとへ連れていった。高峰は毎日電話をかけてきて、

「子猫、どうしてる？」

「おばちゃんの所へ遊びに行こうって、連れてきな」

などと、必ず催促した。そして食卓の上で遊ばせたり、掌に乗せたり、自分の膝で寝かせたり……。子猫は日に日に動きが活発になり、高峰の膝から胸に這い

登るようになった。胸元にしがみついて、じっと高峰を見つめている子猫の目を、高峰も見つめながら、

「何考えてるんだろうねぇ……」

もうその顔は、子猫が可愛くて可愛くてしょうがないといった表情だ。

「牛乳やってみよう」

私は台所から小さな焼き物の器をもってきて、それに牛乳を入れて子猫の鼻先に置いた。だが飲もうとしないので、「エイッ」と、子猫の顔を牛乳に押し付けた。子猫は小さな顔を牛乳だらけにして、キョトンとしている。

「ひどいことするねぇ、おねえちゃんは」

高峰は子猫の頭をひと撫でりすると、

「エイッ」

子猫の頭を小皿の牛乳に押し付けた。

「かあちゃんだって、おんなじことしてるじゃない」

私は大笑いした。数日後、いつものように子猫を高峰に渡した後、離れで少し原稿を書いて、夕方、猫を迎えに行くと、高峰が言ったのだ、

「さっき、ここにオシッコしちゃったよ」

私は仰天した。だって食卓の上なんだから。

「でもきれいに拭いたから大丈夫」

高峰は子猫を膝に置いて撫でている。

「ダメだよ。そういう時はオシッコした場所に頭をこすりつけといて、バンバンって頭を叩かなきゃ」

私が言うと、

「エェ〜〜」

とてもそんなひどいことはできないという顔で高峰は子猫を抱きしめる。やがて高峰は、自分が気に入って取り寄せていた生クリームを挟んだ上等なパンケーキを、少しずつ、しかも自分の箸でじかに、子猫に与え始めたのだ。

「待って、待って。待つのよ」

と、箸に齧《かじ》り付く子猫をあやしながら、二匹に平等に与えるのだ。それを見て、私はわざと子猫達に言った、

「お前達。かあちゃんはね、お前達を捨ててこいって言ってたんだよぉ」

途端に高峰は困った顔になって、

「(子猫を)見ちゃうとねぇ……」

そう言って、優しく二匹の身体を撫でた。毎日、毎日、高峰は子猫達に自分の箸でパンケーキを食べさせ、抱っこして、撫でて、その遊ぶ様に目を細めた。

三か月間。

病院に入る日まで。

二匹のオス猫「ノラ」と「タマ」。

名前を付けたのも高峰だった。今、ノラとタマは、高峰が見たら驚くほど大きくなり、高峰がもはや抱っこできないくらい重くなり、庭を駆け回り、柿の木に登り、沈丁花の下に寝そべって、夜は、離れの私のベッドの足元で仲良く寝ている。

「幸せだね、お前達は。こんな所に住まわせてもらって……」

私は大きくなったノラとタマに語りかける。

「とうちゃんとかあちゃんの恩を忘れちゃいけないよ」

それは、私自身に語りかけている言葉だった。

● 参考文献

『瓶の中』、文化出版局、1972年
『コットンが好き』、文春文庫、2003年
『つづりかた巴里』、中公文庫、2014年
『いいもの見つけた』、中公文庫、2015年
『巴里ひとり歩き』、河出文庫、2015年
『旅は道づれ雪月花』、中公文庫、2016年
『ダンナの骨壺』、河出書房新社、2017年

本書のなかには、今日では差別的とも受け取れる表現があるが、作品の歴史的価値と著者が故人であることを考慮し、そのまま収録した。

● 本文デザイン
尾崎行欧　安井彩
（尾崎行欧デザイン事務所）

● 写真（※）
佐々木謙一

※ 27、30－31、35、38－39、41－43、
46－47、114－115、117－119、
122－123、130－131、135、138－139、
155、167、169－171、174－175、
183－185、187－192、195、198

本書は、二〇一二年一月二五日に新潮社より刊行された『高峰秀子　暮しの流儀』を再編集し、「おしゃれを読む」を増補して文庫化したものです。

ちくま文庫

高峰秀子《たかみねひでこ》　暮《くら》しの流儀《りゅうぎ》　完全版《かんぜんばん》

二〇二四年一月十日　第一刷発行

著　者　高峰秀子（たかみね・ひでこ）
松山善三（まつやま・ぜんぞう）
斎藤明美（さいとう・あけみ）

発行者　喜入冬子

発行所　株式会社　筑摩書房
東京都台東区蔵前二―五―三　〒一一一―八七五五
電話番号　〇三―五六八七―二六〇一（代表）

装幀者　安野光雅

印刷所　ＴＯＰＰＡＮ株式会社

製本所　ＴＯＰＰＡＮ株式会社

ISBN978-4-480-43925-3　C0195